国家级职业教育规划教材
全国技工院校市场营销专业教材（中级技能层级）
全国中等职业学校市场营销专业教材

（第二版）

MARKETING

商品知识

史予英　主编

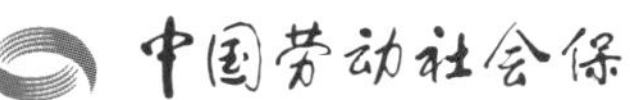

简介

本教材根据市场营销专业岗位需求编写，具体内容包括：商品分类，商品代码、编码与目录，商品条形码，商品质量、标准与检验，商品包装、储存与养护，副食品，日用工业品，针纺织品，家用电器等。教材每章后设有不同类型的习题，方便学生进行课后练习，巩固所学知识。

本教材由史予英任主编，魏秋霞、侯艳丽参加编写。

图书在版编目（CIP）数据

商品知识 / 史予英主编. -- 2版. -- 北京：中国劳动社会保障出版社，2019

全国技工院校市场营销专业教材. 中级技能层级　全国中等职业学校市场营销专业教材

ISBN 978-7-5167-4053-8

Ⅰ. ①商…　Ⅱ. ①史…　Ⅲ. ①商品 – 中等专业学校 – 教材　Ⅳ. ①F76

中国版本图书馆 CIP 数据核字（2019）第 139574 号

中国劳动社会保障出版社出版发行

（北京市惠新东街 1 号　邮政编码：100029）

*

北京市艺辉印刷有限公司印刷装订　新华书店经销

787 毫米 ×1092 毫米　16 开本　13.25 印张　208 千字

2019 年 7 月第 2 版　2022 年12月第 5 次印刷

定价：26.00 元

营销中心电话：400-606-6496

出版社网址：http://www.class.com.cn

http://jg.class.com.cn

前言

全国中等职业技术学校市场营销专业教材自出版以来，在学校教学中发挥了重要作用。近年来，随着经济的发展，我国市场营销环境也发生了巨大的变化，这对市场营销从业人员的职业素养和知识、技能水平都提出了更高的要求。为适应这一变化，满足学校培养人才的需求，我们组织了一批骨干教师与行业、企业专家，在充分调研的基础上，对现有教材进行了修订。

本次教材修订工作的重点主要体现在以下几个方面：

第一，完善了教材体系。根据目前职业院校市场营销专业的教学实际，将《店铺陈列》《店铺促销》《连锁经营与管理》等教材整合为《店铺经营与管理》，增加了《市场调查》教材。调整后，整套教材体系更加科学、完善，也更便于教学。

第二，更新了教材内容。针对市场营销专业的现状和发展趋势以及企业的岗位需求，调整、补充和更新了相关教材的结构和内容，使教材更具时代感和前瞻性。增加了实践性教学内容的比重，在主要技能课教材中加入实训项目，并配以详细的操作指导，以引导学生运用所学知识分析和解决实际问题。

第三，改进了教材表现形式。针对学生的认知规律，在教材编写上尽可能多地以图表代替冗长的文字叙述，使教材更加生动，易于学习。同时，对上一版教材的栏目设置进行了整合、优化，使其脉络更加清晰，提高了教材的可读性和实用性。

第四，加强了教材配套资源建设。在修订教材的同时，修订了配套习题册和电子课件。电子课件及习题答案可通过职业教育教学资源和数字学习中心

（http://zyjy.class.com.cn）免费下载。在部分教材中使用了二维码技术，针对教材中的教学重点和难点制作了案例文本、演示视频等多媒体素材，学生使用移动终端扫描二维码即可在线观看相应内容。

本套教材的编写得到了有关学校的大力支持，教材编审人员做了大量的工作，在此我们表示衷心的感谢！同时，恳切希望广大读者对教材提出宝贵的意见和建议。

人力资源社会保障部教材办公室

目录

第一章 商品概述

商品与我们的生活息息相关，市场上流通的商品成千上万。只有正确认识商品，理解商品的属性，对商品进行科学、系统的分类，才能更好地满足商品的生产和流通，同时方便消费者识别、选购和使用商品。

学习目标

1. 了解商品的概念，理解商品的整体构成及属性。

2. 了解我国商品的分类体系，掌握常用商品的分类标志，能够对常用商品进行分类。

3. 了解商品代码的概念和种类，理解商品编码的概念及主要方法，了解商品目录的种类。

4. 理解条形码的构成和特点，能够分析并识别商品条形码。

第一节 商品的基本特性

一、商品的概念

商品是人类社会生产力发展到一定历史阶段的产物，是用来交换的劳动产品。广义的商品，是指通过市场交换，能够满足人们某种社会消费需要的所有形态（知识、劳务、资金、物质等形态）的劳动产品。狭义的商品，即传统的商品，是指通过市场交换，能够满足人们某种社会消费需要的物质形态的劳动产品，是有形商品。这类商品是商品学研究的内容。

二、商品的属性

商品具有使用价值和价值两个因素。凝结在商品中的无差别的人类劳动就是商品的价值。商品的使用价值是指商品能够满足人们某种需要的物品的有用性，不同的商品具有不同的使用价值。商品的价值是政治经济学研究的范畴，商品的使用价值是商品学研究的对象。使用价值是商品的自然属性，价值是商品的社会属性。自然属性和社会属性是商品的两个基本属性。

商品的自然属性包括商品的成分、结构、形态、化学性质、物理性质（力学、电学、热学、光学、声学等性质）、生物学性质、生态学性质等。商品的社会属性包括商品的经济属性、文化属性（民族、宗教、审美、道德等属性）、政治属性和其他社会属性。

商品的自然属性在形成商品的使用价值或有用性时通常起主导作用，商品的自然属性是商品的社会属性存在的前提和基础。商品的社会属性不是商品生来就具有的，而是人们后来赋予它的。商品不同属性的组合满足了人们不同的消费需要。

三、商品的特征

想一想

下列物品哪些是商品?

1. 空气、阳光、自来水。

2. 商场里的柜台、货架，及柜台、货架上面摆放的标有售价的物品，如手表、衣服、蔬菜、文具等。

3. 农民自己种的粮食、蔬菜、水果，一部分自己吃，另一部分拿到农贸市场卖。

商品具有以下三个不同于一般物品的特征:

第一，商品是具有使用价值的劳动产品。例如，自然界中的空气、阳光等，虽然是人类生活所必需的，具有使用价值，但这些都不是劳动产品，所以它们不能叫作商品。没有使用价值、无法满足人们合理正当的需要，甚至会危害人体健康的劳动产品，也不能算作商品。

第二，商品是供别人消费即社会消费的劳动产品，而不是供生产者或经营者自己消费的劳动产品。商品总是与交换分不开。也就是说，如果不是用来交换，即使是劳动产品，也不能叫作商品。例如，人们自产自用的劳动产品就不属于商品。

第三，商品是为交换而生产且必须通过交换到达用户手中的劳动产品。劳动产品只有完成交换环节才能够成为商品，在交换之前尽管该产品是为了交换而生产，但也只能是潜在的商品。例如，库存积压卖不出去的产品不能称为商品。

四、现代商品的整体构成

想一想

假如你准备购买一部新手机，你最看重商品的哪一部分，内在性能、外观、包装还是售后服务？你希望获得哪些附加服务?

现代商品的整体构成包含四个层次的内容:

1. 商品的功能（效用）

商品的功能（效用）是指商品为满足消费者的一定需要所能提供的可靠的、必需的功能，如买电视机是为了看电视节目。消费者购买的其实不是商品本身，而是商品的功能。

2. 商品体

商品体是商品功能（效用）的载体，指人们通过有目的、有效的劳动投入而创造出来的具体劳动产物。商品体能够具备哪些性质或功能是由商品体的组成成分和形态结构决定的，其中商品体的组成成分又决定了商品体可能形成的形态结构。所以，商品体是由多种不同层次要素构成的有机整体，是商品使用价值形成的客观物质基础。

3. 有形附加物

商品的有形附加物包括商品名称、商品包装及其标志、质量和安全卫生标志、商标及注册标记、专利标记、环境（绿色或生态）标志、商品使用说明标签或标识、检验合格证、使用说明书、维修卡（保修单）、购货发票等。

4. 无形附加物

无形附加物是指人们在购买有形商品时所获得的各种附加服务和附加利益，如送货上门、免费安装调试、免费培训、售后服务与维修服务等。

第二节　商品分类

一、商品分类的概念

想一想

在一个大型的综合购物中心购买以下几种商品，应该分别到哪个柜台去购买呢？

1. 洗发水　2. 不锈钢饭盒　3. 酸奶　4. 电吹风机
5. 电视机　6. 玻璃杯　7. 中性笔　8. 螺丝刀
9. 毛巾　10. 缝衣服用的针线

商品分类是根据一定的管理目的，为了满足生产、流通、消费等活动的需要，选择适当的标志，将一定范围内的商品总体科学、系统地逐次划分为门类、大类、中类、小类、品类、品种、细目的过程。

商品门类，是按国民经济行业共性对商品总的分门别类。

商品大类，是按商品生产和流通领域的行业对商品进行的划分，如五金类、百货类、纺织品类、食品类、日用工业品类等。

商品中类，是若干具有共同性质或特征的商品的总称，如塑料制品、针棉织品等。

商品小类，是根据商品的某些特点和性质对商品做的进一步的划分，如针棉织品又可分为针织内衣类、针织外衣类等。

商品品类，又称商品品目，是指具有若干共同性质和特征的商品种类的总称，它包括若干商品品种，如绿茶包括烘青绿茶、炒青绿茶等。

商品品种，是指商品具体的名称，如食品中的酒类商品包括白酒、啤酒、黄酒、葡萄酒等。

商品细目，是对商品品种的详细区分，包括商品的花色、规格、等级等，如12° 长城牌民权白葡萄酒、53° 飞天牌茅台酒等。

商品分类的类目层次及应用实例见表 1—1。

表 1—1　　商品分类的类目层次及应用实例

商品类目名称	应用实例	
商品门类	消费品	消费品
商品大类	食品	日用工业品
商品中类	饮料	家用化学品
商品小类	酒类	肥皂、洗涤剂
商品品类	啤酒	肥皂
商品品种	黑啤酒	香皂
商品细目	青岛黑啤酒	茉莉花香型香皂

找一找

请同学们分组实地调查大型超市的商品分类情况，写出简要调查报告与大家交流。

二、商品分类的原则

1. 科学性原则

作为商品分类对象的商品名称要统一、科学、准确，同时还要防止一词多义或一种商品有多个名称，所选择的分类标志要能反映商品的本质特征，并具有明显的区别功能和稳定性，分类层次的划分要客观、合理。

2. 系统性原则

在分类过程中应将待分类对象按照选择的分类标志进行分类，形成一个由若干子系统组成的逐级展开的大系统，各子系统之间相互联系、相互制约。

3. 稳定性原则

商品分类既要考虑现实状况，也应符合商品发展的客观规律，即在分类目录发生变更时不会破坏整个分类结构，有不断补充新产品的余地。

4. 协调性原则

商品分类体系应具有协调性，力求使分类结构合理。如国内分类编码要参照国际分类编码体系，也要参照历史上各行各业已经形成的编码分类状况，把工业、仓储、运输、内贸、外贸等各行业编码和分类情况协调起来，达到信息沟通、交流方便的目的。

5. 唯一性原则

商品分类体系中的每一个分类层次只能对应一个分类标志。商品分类后，一种商品只能出现在一个类别里，不允许同时出现在两个或两个以上的类别中。

三、商品分类的基本方法

商品分类时，通常采用线分类法和面分类法两种方法。在实际工作中这两种方法常常结合起来使用，通常以线分类法为主、面分类法为辅。

1. 线分类法

线分类法又称层级分类法，它是将拟分类的商品集合总体，按选定的属性或特征逐次地分成相应的若干个层级类目，并编制成一个有层级的、逐级展开的分类体系。线分类体系的一般表现形式是大类、中类、小类、品类等。体系中，各层级所选用的标志不同，各个类目之间构成并列或隶属关系。由一个类目直接划分出来的下一级各类目之间存在并列关系，不重复、不交叉（实例见表 1—2）。

表 1—2 线分类法实例

大类	中类	小类
家具	木制家具	床、椅、凳、桌、橱柜、沙发
	竹藤家具	
	金属家具	
	塑料家具	

2. 面分类法

面分类法又称平行分类法，它是将拟分类的商品集合总体，根据其本身的属性或特征分成相互之间没有隶属关系的“面”，每个“面”都包含一组类目。将每个“面”中的一种类目与另一个“面”中的一种类目组合在一起，形成一个复合类目。

服装的分类就是按面分类法组配的。把服装用的面料、式样、款式分为三个互相之间没有隶属关系的“面”，每个“面”又分成若干个类目（实例见表 1—3）。

使用时，将有关类目组配起来，如毛涤混纺男式西装、纯棉女式连衣裙等。

表 1—3 面分类法实例

服装面料	式样	款式
纯棉 纯毛 锦纶 毛涤混纺 桑蚕丝	男式 女式	西装 休闲装 运动装 连衣裙 T 恤

四、商品分类标志

1. 选择商品分类标志的原则

商品分类标志是编制商品分类体系和商品目录的重要依据。对商品进行分类可供选择的分类标志很多，但在选择时应遵循以下基本原则：

（1）目的性

分类标志的选择必须确保分类体系能满足分类的目的和要求，否则没有使用价值。分类标志本身含义要明确，能从本质上反映出每类商品的属性特征。

（2）简便性

分类标志的选择必须保证建立起的商品分类体系在实际运用中操作简便，易于使用，便于采用数字编码和运用计算机进行处理。

（3）唯一性

同一层级范围内只能采用一种分类标志，不能同时采用几种分类标志。要确保每个商品只能出现在一个类别里，不得在分类中重复出现。

（4）逻辑性

分类标志的选择必须使商品分类体系中的下一层级分类标志成为上一层级分类标志的合乎逻辑的继续和具体的自然延伸。如汽油的分类从“汽油”到“车用汽油”“航空汽油”这一层级，选用的分类标志是商品的“用途”，再从“车用汽油”到“× × 号汽油”这一层级，选用的分类标志是商品的“规格”，其实质是商品（汽油）的具体使用性能，显然它是“用途”的自然延伸和合乎逻辑的继续。

2. 常用商品分类标志

（1）以商品的用途作为分类标志

商品的用途是体现商品使用价值的重要标志，与消费者需求密切相关。以商品用途作为分类标志，不仅适用于商品大类的划分，也适用于对商品品种等的进一步详细分类。如根据用途的不同，商品可分为生产资料商品和生活资料商品两大类。生活资料商品可按用途划分为食品、衣着用品、日用工业品、日用杂品等。日用工业品按用途可分为器皿类、洗涤用品类、化妆品类、家用电器类、文化用品类等。

以商品用途作为分类标志，便于对同一用途的各种商品的质量和性能特点进行比较和分析，促使生产企业提高商品质量、开发新品种，有利于消费者根据用途选购商品，但对多用途的商品不宜采用此种分类标志。

（2）以商品的原材料作为分类标志

商品的原材料是决定商品质量、性能的重要因素，原材料不同的商品其化学成分以及在加工、包装、储运、使用等方面的要求也不同。例如，商品按商品原材料来源可分为植物性商品、动物性商品和矿物性商品，呢绒按原材料可分为全毛呢绒、混纺呢绒、交织呢绒和纯化纤呢绒，绒线（毛线）按使用原料可分为纯毛绒线、混纺绒线和纯化纤绒线三类。

以原材料为标志进行商品分类的优点很多，它分类清楚，还能从本质上反映每类商品的性能、特征、保管、包装、使用要求，有利于保证商品流通中的质量，适用于原料性商品和原材料对成品质量影响较大的商品。而对那些成品质量与原材料关系不大或由多种原材料制成的商品，如摄像机、汽车、电视机、电冰箱等，不宜采用原材料作为分类标志。

（3）以商品的生产加工方法作为分类标志

即使采用同一种原材料制成的商品，当商品的生产加工方法不同时，商品的性能和特征也可能会有很多差异，并由此形成不同的商品品种。例如，茶叶按加工方法的不同，分为全发酵茶（红茶）、半发酵茶（乌龙茶）和不发酵茶（绿茶）；纺织品按生产工艺的不同，分为机织品、针织品和无纺织物。

以生产加工方法为分类标志，有利于明确不同类别商品的质量特性和成因，适用于可以选用多种生产加工方法制造的商品。但对于虽然生产方法不同，而产品质量、特性并未产生实质性区别的商品则不宜采用此种方法。

（4）以商品的主要成分或特殊成分作为分类标志

商品的化学成分是形成商品质量和性能、影响商品质量变化的最基本因素。当商品的主要化学成分可以决定其性能、用途、质量和储运条件时，此类商品可以以主要化学成分作为分类标志。例如，化肥按主要化学成分的不同，分为氮肥、磷肥、钾肥；塑料制品按其主要成分合成树脂的不同，分为聚乙烯塑料制品、聚氯乙烯塑料制品、聚丙烯塑料制品等。有些商品虽然主要化学成分相同，但由于含有的特殊成分不同，而使商品的质量、性能、用途等具有明显的不同，对这类商品应该以其特殊化学成分为分类标志进行分类，如玻璃按特殊成分的不同可分为钾玻璃、钠玻璃、铅玻璃、硼硅玻璃等。

以商品的主要成分或特殊成分为分类标志能反映商品的本质特性，对深入研究商品的特性、保管和使用方法以及开发新品种、满足不同消费者的需求等具有重要意义，但对化学成分复杂的商品或化学成分对商品性能影响不大的商品，则不适宜采用此种分类标志。

（5）以其他特征作为分类标志

除了以上分类标志外，商品的形状、结构、尺寸、颜色、质量、产地、收获季节、功率等也可作为商品分类标志，如钢材根据形状可分为型钢、板钢、管钢等，型钢按形状又可分为圆钢、方钢、扁钢、工字钢、槽钢、角钢、六角钢等。

想一想

请将下列鞋子按不同分类标志进行分类：棉鞋、单鞋、布鞋、凉鞋、皮鞋、塑料鞋、旅游鞋、运动鞋、工装鞋。

第三节　商品代码、编码与目录

一、商品代码

1. 商品代码的概念

商品代码是指表示特定商品的一个或一组字符，这些字符可以是阿拉伯数字、拉丁字母或两者的组合。

2. 商品代码的类型

商品代码有以下三个类型。

（1）数字代码

由阿拉伯数字组成的代码称为数字代码。数字代码结构简单，使用方便，易于推广，便于计算机识别和处理。目前数字代码在各国际组织和世界各国的商品（产品、服务）代码标准中普遍采用。

（2）字母代码

由拉丁字母组成的代码称为字母代码。字母代码的特点是便于记忆，比用同样位数的数字代码容量大，可提供便于人们识别的信息，但不利于计算机的识别和处理，因而在商品编码中很少使用。

（3）字母数字代码

由拉丁字母和阿拉伯数字混合组成的代码称为字母数字代码。字母数字代码兼有数字代码和字母代码两者的优点，结构严密，直观性好，但给计算机输入带来不便，输入效率低，错码率高，故其使用广度不高。

3. 商品代码的功能

商品代码具有分类和标识功能。分类功能是指商品代码能够反映商品在分类体系中的位置，也就是表明该商品类目与其上下层级商品类目或同层级商品类目之间的隶属或并列关系。标识功能是指商品代码仅起到唯一标识某商品的作用，不具有其他意义，只反映某一代码与某商品类目的一对一关系。

二、商品编码

1. 商品编码的概念

商品编码是指给商品赋予代码的过程。商品编码可使繁多的商品便于记忆，简化手续，提高工作效率和可靠性，有利于商品分类体系的通用化、标准化，为建立统一的商品产、供、销和储运信息系统以及运用计算机对商品进行科学管理提供了条件，从而使企业经济效益得到提高。

2. 商品编码的方法

依照商品代码所具有的不同功能，商品代码可以进一步划分为商品分类代码和商品标识代码两类。

（1）商品分类代码

商品分类代码是依据商品的属性或特征进行的分类和代码化表示，是确定商品逻辑与归属关系的一组数字代码。例如，国际上通行的《商品名称及编码协调制度》（HS）、《主要产品分类》（CPC）和我国的《全国主要产品分类与代码》等主要商品（产品）分类目录，采用的都是商品（产品）分类代码。

商品分类代码的编制方法常用的有以下几种：

1）顺序编码法。顺序编码法是按商品类目在商品分类体系中出现的先后顺序，依次给予顺序数字代码的编码方法。

2）层次编码法。层次编码法是按商品类目在分类体系中的层级顺序，依次给予对应的数字代码的编码方法。它主要用于线分类体系。层次编码法层次分明，逻辑性强，能明确反映分类编码对象的属性、特征及相互关系。但是层次编码法弹性较差，经常需要预留相当数量的备用码，从而出现代码的冗余。因此，该编码方法最适用于编码对象变化不大的情况。

3）平行编码法。平行编码法是对每一个分类面确定一定数量的码位，代码标志各组数列之间是并列平行关系，多用于面分类体系。平行编码法的编码结构有较好的弹性，可以比较简单地增加分类面的数目，必要时还可更换个别类目。其缺点是代码过长，不便于计算机管理。

4）混合编码法。混合编码法是层次编码法和平行编码法的结合，即把分类对象的各种属性和特征分列出来，对其中一些属性或特征用层次编码法表示，其余的属性或特征则用平行编码法表示，这样可以取长补短。

（2）商品标识代码

商品标识代码是对零售商品、非零售商品、物流单元、位置等进行全球唯一标识的一组数字代码。例如，国际上通用、我国也广泛采用的 EAN/UCC-13 代码、EAN/UCC-8 代码、EAN/UCC-14 代码等都是商品标识代码。

三、商品目录

1. 商品目录的概念

商品目录也称为商品分类目录，是指将所经营管理的全部商品品种按一定标志进行系统分类编制成的商品细目表。商品目录是在对商品逐级分类的基础上，用表格、符号和文字全面记录并反映商品分类体系的文件形式。商品目录是商品分类的体现，商品分类是编制商品目录的前提。没有商品分类，商品目录无法编制。只有根据商品的科学分类编制商品目录，才能使商品目录层次分明、条理清楚。科学、系统、实用的商品目录是实现商品管理现代化、科学化的前提，有助于商品的生产、经营和管理活动。

商品目录一般包括商品名称及计量单位、商品代码（或编号）、商品分类体系三部分。

2. 商品目录的种类

根据商品目录适用范围的不同，商品目录可以归纳为国际商品目录、国家商品目录、行业（部门）商品目录和企业商品目录四类。

（1）国际商品目录

国际商品目录是指由国际组织或区域性集团通过商品分类所编制的商品目录。如联合国编制的《国际贸易标准分类》，简称 SITC，联合国推荐各国采用该商品分类目录发表本国的贸易数据。另外还有国际关税合作委员会编制的《商品、关税率分类目录》，海关合作理事会编制的《海关合作理事会商品分类目录》和《商品名称及编码协调制度》等。

（2）国家商品目录

国家商品目录是由国家指定专门机构通过商品分类编制的商品目录。它是我国国民经济各部门各地区进行统计、计划、税收等经济管理工作时必须共同遵守的准则。

（3）行业（部门）商品目录

行业（部门）商品目录是指由行业或其主管部门所编制的为本行业（部门）统一使用的商品目录，如商务部、纺织工业联合会、轻工业联合会等编制的各种商品目录，海关总署编制的《海关统计商品目录》《海关进出口商品规范申报目录》。

（4）企业商品目录

企业商品目录是指由企业自行编制的适用于本企业的商品目录，一般只在本企业使用。企业商品目录既要符合国家和部门商品分类目录提出的分类原则，又要适应本企业的实际需要。因此，企业商品目录所包含的类别一般较国家编制的商品目录少，但品种的划分更详细，如柜组经营商品目录、仓库保管商品目录等。

各类商品目录应相对稳定，以便各类信息具有可比性、稳定性，以利于协调各行业、各企业、各环节的工作。同时，商品目录并不是一成不变的，随着商品生产和商品经济的发展应适时予以修订，这样才能发挥它在商品流通活动中的作用。

第四节 商品条形码

一、商品条形码的概念

商品条形码简称条形码或条码，它是商品的一种代表符号。条码是将宽度不等的多个黑条和空白，按照一定的编码规则排列，用以表达一组信息的图形标识符。常见的条码是由反射率相差很大的黑条（简称条）和白条（简称空）排成的平行线图案。条码可以标出物品的生产国、制造厂家、商品名称、生产日期、图书分类号、邮件起止地点、类别、日期等许多信息，因而在商品流通、图书管理、邮政管理、银行系统等领域广泛应用。

确切地说，条码是一种利用光电扫描设备阅读并实现数据输入计算机的特殊代号，是由一组粗细不同，黑白（彩色）相间的“条”“空”符号及对应字符按一定的规则排列组合而成的商品标识。因为条码技术具有其他自动识别技术无法比拟的优点，所以在世界范围内得到迅速推广和应用。

讲一讲

日常生活中，你在什么时候用到过条码？它对你有哪些帮助？讲给大家听听。

二、商品条形码的特点

条码是迄今为止最经济实用的一种自动识别技术，具有以下几个方面的特点：

（1）条码标签易于制作

条码既可以印在商品的外包装上，也可以使用专用条码打印机或普通打印机与其他文字、图形同时打印，易于制作且设备也相对便宜。

（2）输入速度快，操作简单

与键盘输入相比，条码输入的速度是键盘输入速度的5倍。而且条码识别设备结构简单，易操作，不需要特殊培训。

（3）准确性高

据估算，键盘输入数据出错率为三百分之一，利用光学字符识别技术出错率为万分之一，而采用条码技术误码率低于百万分之一。

（4）经济、灵活、实用

与其他自动识别技术相比，条码成本较低。条码标志作为一种识别手段，可单独使用；也可和有关设备组成识别系统，实现自动化识别；在没有自动识别设备时，也可以手工键盘输入，非常灵活。

三、商品条形码的种类和结构

商品条形码根据其编码主体的不同，可分为厂家条码和商店条码两类。一般所说的商品条形码主要是指厂家条码。

厂家条码是指生产厂家在生产过程中直接印制在商品包装上的条码，它们不包括价格信息。常用的厂家条码主要有国际物品条码（以下简称 EAN 条码）、通用产品条码（以下简称 UPC 条码）、交叉二五条码（以下简称 ITF 条码）、三九条码、库德巴条码等。商品流通领域主要使用 EAN 条码和 UPC 条码。

商店条码是指商店为便于 POS 系统对商品进行自动扫描结算，对没有商品条码或商品条码不能识读的商品自行编制和印刷的条码，仅限于在自己商店内部使用，也称店内码。

1. EAN 条码

EAN 条码即国际物品条码，是国际物品编码委员会制定的一种国际通用商品条形码，我国的通用商品条码就是这种类型。EAN 条码有 13 位标准条码（EAN-13 条码）和 8 位缩短条码（EAN-8 条码）两种版本（见图 1—1）。

图 1—1　商品条码实例

找一找

看看你身边的物品（书、笔记本、快递件、中性笔、橡皮、饮料瓶等），找一找，哪些物品上印刷的条码与图 1—1 中的条码相似？仔细观察它们的相同点和不同点，并详细描述。

知识链接

商品条形码的编码遵循唯一性原则，以保证商品条形码在全世界范围内不重复，即一个商品项目只能有一个代码，或者说一个代码只能标识一种商品项目。不同规格、不同包装、不同品种、不同价格、不同颜色的商品只能使用不同的商品条形码。

（1）EAN-13 条码

EAN-13 条码由 13 位数字码及其对应的条码符号组成，标准尺寸为 37.29 mm×25.93 mm，其中 13 位数字由四部分构成，分别是前缀码、制造厂商代码、商品代码和校验码（见图 1—2），其符号结构如图 1—3 所示。

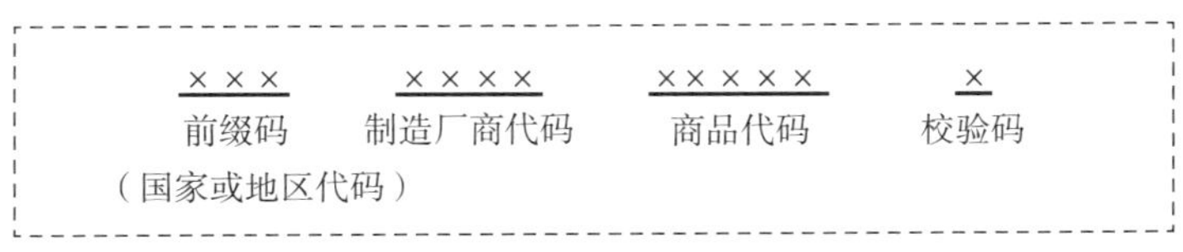

图 1—2 EAN-13 代码结构

图 1—3 EAN-13 条码符号结构

EAN-13 条码中的前缀码由 2～3 位数组成，是用来标识国家或地区的代码，由国际物品编码委员会总部分配和管理。如 690～699 代表中国大陆，471

代表我国台湾地区，489 代表我国香港特别行政区。部分国家（地区）条码的前缀码见表 1—4。

表 1—4　部分国家（地区）条码的前缀码

国家（地区）	前缀码	国家（地区）	前缀码
美国	000～019 030～039 060～139	意大利	800～839
法国	300～379	瑞士	760～769
日本	450～459 490～499	澳大利亚	930～939
中国台湾地区	471	新西兰	940～949
中国香港特别行政区	489	德国	400～440
中国	690～699	英国	500～509
巴西	789～790	新加坡	888
泰国	885	韩国	880

制造厂商代码由 4～5 位数组成，它的赋码权在各个国家或地区的物品编码组织，我国由中国物品编码中心赋予制造厂商代码。

商品代码由 5 位数组成，它是用来标识商品的代码，赋码权由产品生产企业自己行使，生产企业按照规定条件自己决定在自己的何种商品上使用哪些阿拉伯数字为商品代码。

商品条形码最后 1 位是校验码，用来校验商品条形码中左起第 1～12 位数字代码的正确性。

（2）EAN-8 条码

EAN-8 条码由 8 位数字码及其对应的条码符号组成，如图 1—4、图 1—5 所示，与 EAN-13 条码相比，无企业代码，其中商品代码由 4 位数字组成，为确保代码唯一性，统一由国际物品编码委员会在各国（地区）的分支机构分配和管理。根据全国物品编码标准化技术委员会的规定，只有当 EAN-13 条码印刷面积超过商品包装表面积的 25% 时，才允许使用 EAN-8 条码。

2. UPC 条码

UPC 条码是美国统一代码委员会制定的一种代码，广泛应用于美国和加

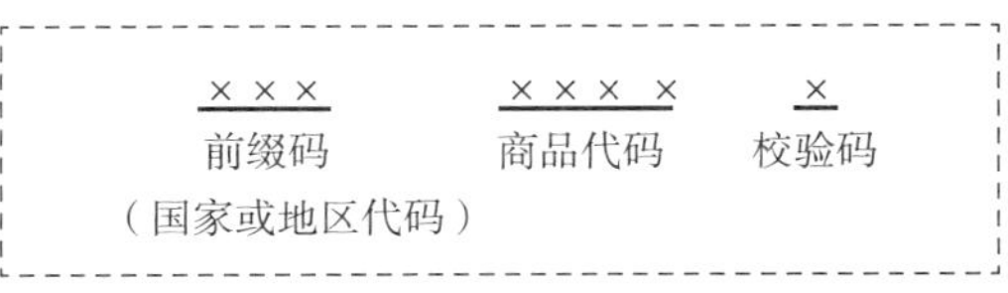

图 1—4　EAN-8 代码结构

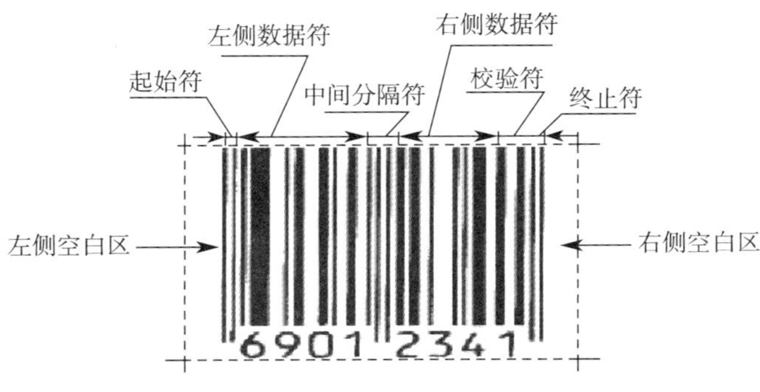

图 1—5　EAN-8 条码符号结构

拿大商品流通领域。出口到美国、加拿大的各国商品包装上必须印有 UPC 条码。UPC 条码是 EAN 条码的特殊形式，两者相互兼容。UPC 条码有标准版（UPC-A）和缩短版（UPC-E）两种形式。

（1）UPC-A 条码

UPC-A 条码由 12 位数字的字符代码组成，称为标准版的 UPC 条码，其结构如图 1—6、图 1—7 所示。

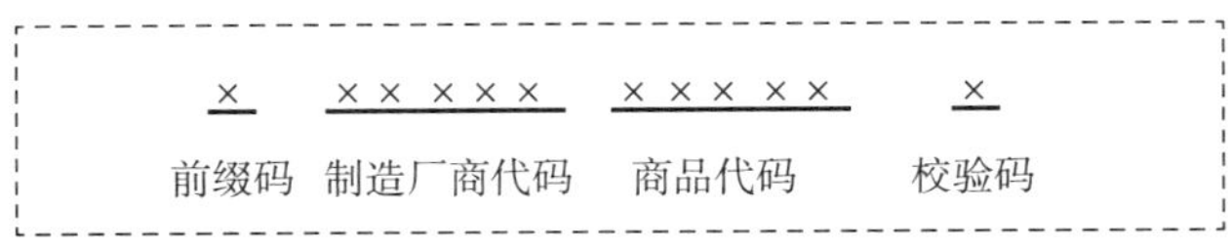

图 1—6　UPC-A 代码结构

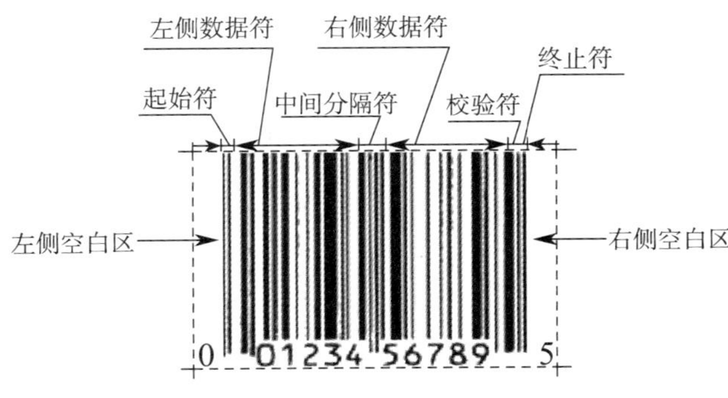

图 1—7　UPC-A 条码符号结构

不同的前缀码数字表示不同的含义。“0”标识规则数量包装的商品，“2”标识不规则质量的商品，“3”标识医药卫生商品，“4”为零售商专用，“5”标识用信用卡销售的商品，“7”为中国申报的 UCC 会员使用，“1”“6”“8”“9”为备用码。制造厂商代码用于标识商品生产厂家，由 UCC 分配给每个会员。商品代码用于标识商品的特征或属性，由厂商自行编制和管理。校验码按照一定规则计算确定。

（2）UPC-E 条码

UPC-E 条码是缩短版的 UPC 条码，由 8 位数字构成，其前缀码只能取“0”，就是说只有当 UCC 给企业分配的前缀码是“0”时，才能使用 UPC-E 条码，其结构如图 1—8、图 1—9 所示。

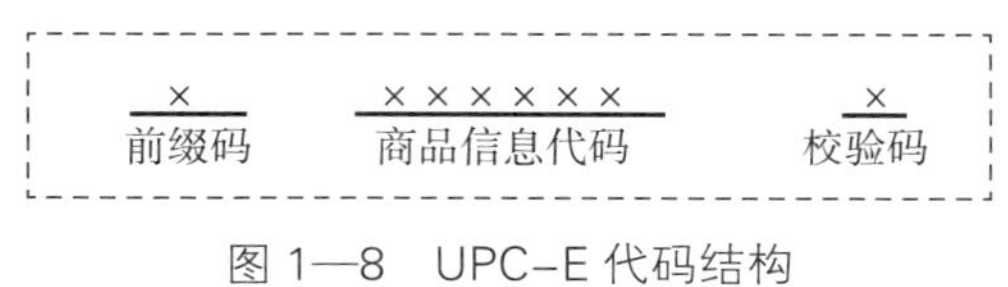

图 1—8　UPC-E 代码结构

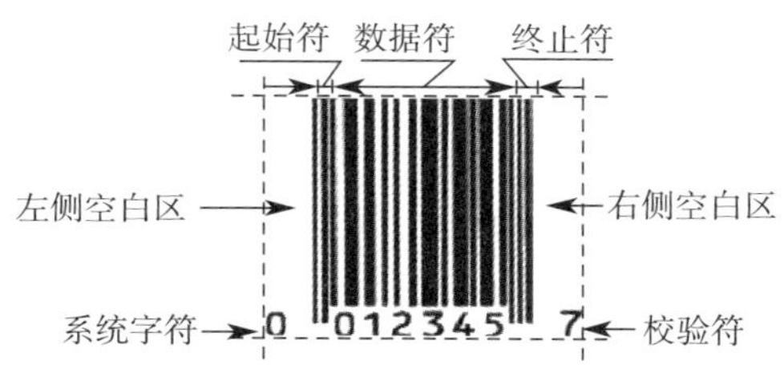

图 1—9　UPC-E 条码符号结构

只有当商品体积很小，很难印刷 UPC-A 条码时，才允许使用 UPC-E 条码。

3. ITF 条码

ITF 条码，又称交叉二五条码，主要用于运输包装，如图 1—10 所示。它是印刷条件较差，不允许印刷 EAN-13 条码和 UPC-A 条码时应选用的一种条码。在商品运输包装上使用的主要是 14 位数字字符代码组成的 ITF-14 条码，ITF-14 条码由矩形保护框、左侧空白区、条码字符、右侧空白区组成，其结构如图 1—11 所示。

4. 商店条码

在自动扫描商店中，对于商店内一些鲜肉、蔬菜、水果等以随机数量销售或自行分装出售的商品，为便于 POS 系统对商品自动扫描结算，商店对没有商品

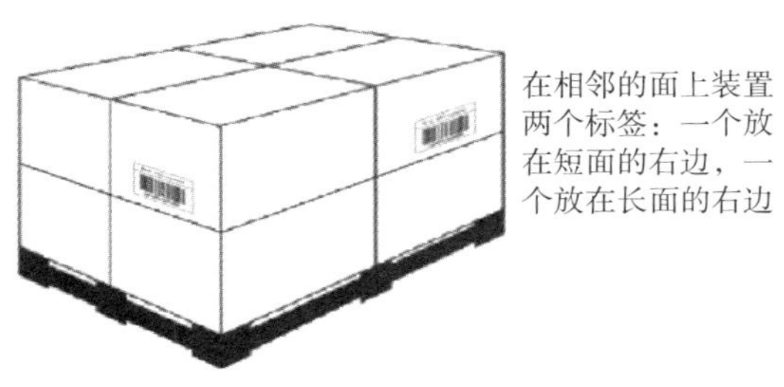

图 1—10　ITF-14 条码使用

图 1—11　ITF-14 条码符号结构

条码或商品条码不能识读的商品可以自行编制和印刷店内条码，并只限在自己商店内部使用。

思考与练习

一、填空题

1. 商品是____________________劳动产品。

2. 商品的使用价值是____________________的物品的有用性。

3. 现代商品的整体构成包含四个层次的内容：商品体、________、________和________。

4. 国际物品编码协会分配给我国的前缀码是________________。

5. 商品分类是指为了一定目的，选择________，将商品集合总体科学地、系统地逐级划分为________、________、________、小类、________以至品种、花色、规格的过程。

二、判断题

1. 商品的基本属性是价值和使用价值。(　　)

2. 如果不是劳动产品就不能成为商品。(　　)

3. 送货上门、免费安装调试、免费培训、售后服务与维修服务等都属于有形附加物。(　　)

4. 商品的社会属性是商品的自然属性存在的前提和基础。(　　)

5. 商品分类时，通常采用线分类法和面分类法两种方法。在实际工作中这两种方法常常被结合起来使用，通常以面分类法为主、线分类法为辅。(　　)

6. 商品目录是商品分类的体现，商品分类是编制商品目录的前提。没有商品分类，商品目录便无法编制。(　　)

7. 商品编码是建立在商品分类与编制商品目录的基础上进行的。(　　)

8. UPC 条码是美国统一代码委员会制定的一种代码，广泛应用于美国和英国商品流通领域。(　　)

9. 根据全国物品编码标准化技术委员会的规定，只有当 EAN-13 条码印刷面积超过商品包装表面积的 50% 时，才允许使用 EAN-8 条码。(　　)

三、简述题

1. 什么是广义的商品?

2. 常用的商品分类标志有哪些?

3. 商品编码的种类有哪些?

4. 什么叫商品条形码?

5. 简述 EAN 条码的结构，试分析 6932835327882 商品条形码的结构。

四、技能训练

1. 实训内容

以小组为单位组织到大型商场观察、收集相关商品编码、商品条形码的资料，并做好记录。

2. 实训目的

通过收集资料，让学生多接触各类商品，熟悉商品条形码的种类、结构和使用情况。

3. 实训要求

小组讨论，仔细分析收集的资料，写出详细的调查报告，并与同学们交流。

第二章 商品质量、标准与检验

商品质量是商品知识研究的核心问题，是衡量商品使用价值的尺度，同时也是企业和消费者关注的焦点。保证和提高商品质量不仅有利于提高企业效益和市场竞争力，更有利于提高人们的生活水平、增强我国的经济实力。商品标准则是评价商品质量的基础和依据，而商品质量是否符合规定的标准要求，需要经过检验才可以确认。

学习目标

1. 理解质量、商品质量的含义，了解提高商品质量的意义，能够分析影响商品质量的因素，了解对各种常用商品质量的基本要求。

2. 理解标准化、标准的含义，掌握商品标准化及其作用，了解商品标准化的形式和作用，熟悉标准种类的划分，了解各级商品标准的表示方法和适用范围。

3. 掌握感官检验法和理化检验法的特点及适用范围，掌握抽样的概念和常用抽样方法，了解常用的质量认证标志。

第一节　商品质量

一、商品质量的概念

商品质量是指商品满足规定和潜在需要能力的特性的总和。这里的规定是指国家或国际有关法律法规、技术质量标准、买卖双方的合同或其他文件形式对商品质量提出的某些具体规定要求等。

商品质量可以分为自然质量和社会质量两个部分。

商品的自然质量，又称为实用质量、技术质量，是由商品的自然属性决定的，指商品在一定条件下，满足一定要求的各种自然属性的综合。商品的自然质量分为内在质量和外观质量。内在质量是指商品在生产过程中形成的本身固有的特性，如商品的成分、结构、强度、弹性等。外观质量是指商品的外观特征，如商品的色彩、形态、气味、滋味、手感、音质等。商品的自然质量是商品使用价值的来源，是衡量商品实用性和技术性的标准。各种国家标准、行业标准、地方标准、企业标准或买卖双方合同中的有关规定是评价商品自然质量的最低技术标准。

商品的社会质量，又称为市场质量，是指在一定条件下满足消费者需求的各种自然、经济、社会属性的综合，包括商品的品牌性、服务性、价格性、消费者的心理状态、消费需求差异性等。商品的社会质量随着经济的发展、消费观念的提升、社会消费习惯的转变而不断变化和发展。消费者对商品质量的评价是相比较而言的，会受时间、地点、用途及其他市场因素的影响，不同地域、民族、职业、文化程度、心理素质的消费者对同一商品质量会做出不同的评价。所以，商品的社会质量相对于自然质量而言，具有主观性、相对性和发展性。

想一想

假如你准备买一部手机，你对它的自然质量和社会质量有哪些要求？

二、影响商品质量的因素

商品质量受商品生产、流通和消费全过程中各种因素的影响，因此为了控制商品质量，就要分析影响商品质量的各种因素。

想一想

你和妈妈去买衣服时，对衣服质量的看法经常不同，为什么？

同一双鞋，有的同学觉得非常漂亮，而有的同学却说“难看死了”，为什么？

衣柜里很多衣服还很新，买时质量都很好，你却不想穿了，为什么？

三年前你认为很漂亮、质量很好的衣服，今天你再看到却说难看，为什么？

1. 生产过程中影响商品质量的因素

（1）市场调研

企业在设计、生产产品前，首先要做好市场调研工作，因为现代企业是以顾客为中心的，如何满足顾客的需求是企业的出发点。通过市场调研可以发现、研究顾客的需求，了解市场供求状况，预测市场发展趋势，收集同行业内其他生产者的信息，在学习竞争者成功经验的基础上挖掘自身的潜在优势。通过调查研究，企业可以确定产品的品种、规格、质量等级、数量和价格，满足市场需求。所以，市场调研是商品开发设计的基础。

（2）开发设计

在充分的市场调研的基础上，企业可以设计出产品的原材料配方、结构、式样、性能、包装等，为良好的商品质量奠定基础。如果开发设计出现漏洞，就会使商品先天不足，商品质量得不到保证。因此，开发设计是形成商品质量的前提，是影响商品质量的一个重要因素。

（3）原材料

原材料是构成商品的物质基础，原材料成分、结构、性质的不同会显著影响商品质量。对于某些商品，原材料的质量水平直接决定了商品的质量等级。例如，用不同品种的棉花纺出的纱线及织成的棉布在外观和内在质量上都有很大差别。在分析原材料质量对商品质量的影响时，还要考虑原材料合理利用的问题，要在保证商品质量的基础上合理利用资源。

（4）生产工艺

商品的性能、结构和外形都是在生产过程中形成的，因此生产工艺对商品质量起关键性作用。在原材料相同的情况下，采用不同的生产工艺，所生产的产品数量和产品质量会相差很大。例如，在生产棉纱过程中增加精梳工序可以使棉纱的匀度和细度得到改善，织成的棉布的内在质量和外观质量也会明显改善。在玻璃加工过程中增加淬火工艺可以生产钢化玻璃，它的耐热性比普通玻璃高很多，且碎裂后呈小颗粒状不易伤人。企业要不断优化生产工艺，提高产品质量。

（5）质量检验与包装

在生产过程中对原材料、半成品进行检验，可以及时发现和纠正问题，对于下一个环节既是事前控制又是事前预防；对生产出的成品依据商品标准和其他技术要求进行的事后检验，可以保证产品的最终质量水平。因此，质量检验是保证商品质量的重要手段。包装不仅可以保护商品，便于商品流通和销售，还可以为商品增值，提高商品竞争力，因此包装也是影响商品质量的重要因素。

（6）企业质量管理与企业员工的素质

有效的质量管理要求企业所有员工运用先进的科技手段对产品从生产领域到流通领域及消费领域的整个过程进行全面的管理，以最经济和最优异的方式满足顾客需要。企业质量管理水平和质量控制能力是商品质量水平的决定性因素之一。此外，在质量管理活动中，企业员工起着最积极主动的作用，员工的专业知识、专业技术水平、道德观念对商品质量的保证也起重要作用。

2. 流通过程中影响商品质量的因素

（1）商品运输

商品运输是商品进入流通领域的必要条件。在运输的整个过程中，商品会受到各种因素的影响，如震动、挤压、碰撞、颠簸、温度、湿度、风吹、日晒、雨淋等，这些因素都会对商品质量有或多或少的影响。运输对商品质量的影响程度与路程远近、运输时间长短、运输路线、运输工具等有关。

（2）商品储存与养护

商品在储存期间的质量变化与很多因素有关，这些因素主要包括：

1）商品本身的性质。

2）储存仓库的条件，包括仓库内外的温度、湿度、水分、氧气、微生物、害虫等。

3）养护技术与措施。

4）储存期的长短。

因此，企业要根据商品的特性，通过一系列科学的保养和维护有效地控制外界环境因素，减少环境对商品质量的不良影响。在某些情况下，合理的保养还可以改善商品的质量。

（3）销售服务

销售服务包括售前服务、售中服务、售后服务，具体内容如图 2—1 所示。服务质量水平的高低直接影响商品使用价值的实现和商品的最终质量。

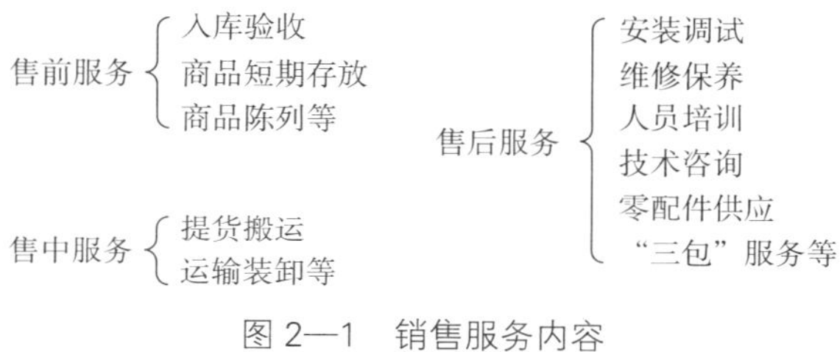

图 2—1 销售服务内容

3. 消费过程中影响商品质量的因素

（1）使用范围和条件

每一种商品都有自己的使用范围和条件，只有按照商品的使用范围和条件合理使用商品，才能最大限度地实现商品的使用价值。例如，很多先进的设备必须在空气的标准状态（20℃，相对湿度 65%）下使用，否则会由于使用时温度过高或湿度过大造成设备经常出现故障、使用寿命缩短等。

（2）使用方法和维护保养

正确的使用、维护和保养方法可以延长商品的使用寿命，更好地实现商品的使用价值。对某些商品应认真编制使用和养护说明书，采用多种形式向消费者宣传介绍，设立必要的咨询中心传授商品的使用和养护知识，设立足够的维修中心及时向消费者提供维护和保养服务。

讲一讲

你是如何获得某种商品的正确使用方法和养护知识的？

（1）看商品的使用说明书 （ ）

（2）网上查阅 （ ）

（3）同学朋友介绍 （ ）

（4）家长传授 （ ）

（5）购买商品时营业员介绍 （ ）

除以上途径外，还有哪些其他途径可以获得这方面的知识呢？谈谈你的经历，与大家分享。

三、商品质量的基本要求

商品种类很多，性能各不相同，因此对不同商品有不同的质量要求。商品按照用途，可分为食品、针纺织品、日用工业品、电子商品四大类，商品质量的基本要求如下。

1. 食品质量的基本要求

食品是维持生命力、促进人体发育和保证健康所不可缺少的生活资料，是人体获得所需热能和营养素的最主要来源，它在消费者的日常生活中占有非常重要的地位。对食品质量的基本要求是：具有卫生安全性和营养价值，且色、香、味、形俱佳。

（1）食品的卫生安全性

食品的卫生安全性是对食品最基本的要求。食品的安全性以食品卫生为基础，指食品无毒、无害，符合应有的营养要求，对人体健康不造成任何危害。所以，食品安全性包含食品卫生的基本含义。食品安全关系到人们的身体健康和生命安全，甚至会影响子孙后代，所以食品必须符合有关的食品安全规定和食品标准。

影响食品卫生安全的有害物质的主要来源有：动植物食品自身的毒素，如鲤鱼、草鱼等淡水鱼类体内的鱼胆毒素、土豆发芽后产生的龙葵素等；各种有害物对食品的污染；加工中混入的毒素；保管不善产生的毒素；环境或化学药品造成的污染等。

（2）食品的营养价值

食品是人体获得热能和营养素的最主要来源，是满足人类营养需要的物质基础。食品的营养价值通常指食品中所含营养素和热能满足人体需要的程度，它包括食品的营养成分、可消化率和发热量三个因素。

1）食品的营养成分，又称作营养素，是指食品中所含的糖类、蛋白质、脂肪、维生素、矿物质、碳水化合物等。不同的食品含有不同的营养成分，具有不同的营养功能。

鱼类、蛋类、豆制品类、肉类等是蛋白质的主要来源，发挥着维持神经系统正常功能和身体正常新陈代谢的作用；各种植物油、肉类、坚果等是脂肪的重要来源，主要用于供给维持生命必需的热能；蔗糖、谷物、水果、蔬菜等是碳水化合物的主要来源，主要用于供给能量和调节脂肪代谢。

2）食品的可消化率，是指人类食用食品后，食品内的营养成分被人体消化和吸收的程度，用百分比表示。可消化率高，食品营养成分在体内的消化和吸收程度高，表明食品营养成分发挥的作用大。可消化率的高低与人体自身条件有关，还与食品的特性有关。另外，食品的原材料、加工方式等不同，可消化率也会不同。

3）食品的发热量，是评价食品营养价值的最基本的指标，是指食品中的营养成分被人体消化吸收后在人体内产生的热量。脂肪、糖类、蛋白质三种营养成分单位质量所产生的热量不同，其中以脂肪最多，每克脂肪的发热量为 38 kJ，每克糖类的发热量为 16 kJ，每克蛋白质的发热量为 16～18 kJ。

（3）食品的色、香、味、形

食品的色、香、味、形指的是食品的色泽、香气、滋味和外观形状，主要通过感官进行鉴别，是评价食品质量的感官指标。食品良好的色泽和外观、诱人的香气、可口的滋味可以刺激人们的食欲，提高食品的可消化率。食品的色、香、味、形也可用于鉴别食品的新鲜程度、成熟程度、加工精度、品种特点、风味及质量变化状况。

2. 针纺织品质量的基本要求

针纺织品最初的功能是遮体御寒，如今，针纺织品不仅是人们日常穿着的必需品，而且对生活起美化和装饰作用。对针纺织品质量的基本要求主要是：服用性、耐用性、组织结构合理性、卫生安全性、外观艺术性等。

（1）服用性

服用性是指针纺织品在穿着过程中舒适、美观的性能，包括缩水性、刚挺度、悬垂性、保暖性、吸湿性、透气性、染色牢度、起毛性、起球性等。良好的服用性是针纺织品具有使用价值的最基本的标准。各项服用性能指标应符合规定的标准，若有欠缺会直接影响针纺织品的舒适及美观。如针纺织品缩水率较大，导致服装水洗后缩水，尺寸产生较大变化，影响服装外观，甚至使其丧失使用价值。

（2）耐用性

耐用性是指针纺织品在穿用和洗涤过程中抵抗外界各种破坏因素作用的能力。耐用性决定着针纺织品的使用期限和寿命，主要指标包括断裂强度、断裂伸长率、撕裂强度、抗皱强度、抗磨强度、抗疲劳强度、耐日光性、耐热性、染色牢度、耐霉性和耐蛀性等。

（3）组织结构合理性

针纺织品的组织结构性主要是指针纺织品的织物组织、质量和厚度、紧度和密度、幅宽和匹长等。针纺织品组织结构的合理性直接影响针纺织品的外观、适用范围、服用性及机械性能。如针纺织品的密度影响其强度及透气性，针纺织品的幅宽影响其加工性，厚度影响其透气性、柔软性和保暖性。

（4）卫生安全性

针纺织品的卫生安全性是指针纺织品保证人体健康和人身安全所应具备的性质，主要包括针纺织品的卫生无害性、抗静电性等。卫生安全性要求纺织纤维、染料、防皱剂、防缩剂、柔软剂等都应对人体无害。

（5）外观艺术性

外观艺术性是指针纺织品的色泽、花纹、图案及外观风格等。人们对于外观艺术性的判定是有差异性的，这一方面受社会发展趋势、潮流的影响，另一方面受个人文化素养、个性爱好等因素的影响。随着时代的发展，人们对针纺织品的外观艺术性越来越重视，甚至成为购买服装商品时最先考虑的特性。因此，企业应该生产多品种、多花色的针纺织品，以满足不同顾客的需求。

3. 日用工业品质量的基本要求

日用工业品种类繁多，用途广泛，主要包括文化用品、洗涤化妆用品、鞋帽、家具、玩具等生活必需品。对日用工业品质量的基本要求有：适用性、耐用性、卫生安全性、结构合理性和外形美观性等。

（1）适用性

适用性是指日用工业品满足其主要用途所必须具备的性能，如保温瓶必须具备保温性能，肥皂必须具备去污性能，钢笔要求下水均匀、书写流利。适用性是日用工业品实现使用价值的基础。

（2）耐用性

耐用性是指日用工业品抵抗各种外界因素对其破坏的能力和对其适用性的影响，它反映日用工业品的耐用程度和使用期限或次数。如日光灯管发光的小时数、汽车行驶的公里数等。提高日用工业品的耐用性，就等于延长了日用工业品的使用寿命，从而提高了日用工业品的质量。日用工业品具有耐用性是广大消费者的普遍愿望，但在实际生产过程中要注意耐用性与价格等因素的权衡，以满足不同的消费需求。

（3）卫生安全性

卫生安全性是指日用工业品在使用过程中保障人身安全和人体健康的各种性能。例如，盛放食品的器皿、牙膏、儿童玩具等应无毒无害；儿童玩具除不含有害物质外，还应符合机械性能标准并注明适用年龄；化妆品、洗涤用品等对人体皮肤无刺激性；家具、装修用品的有害成分含量必须在规定标准之内。

为了保护环境，卫生安全性还要求日用工业品不污染环境。例如，为了避免污染，应将塑料袋制成可降解型；提倡生产无磷洗衣粉、无氟冰箱等。

（4）结构合理性

结构合理性是指日用工业品的形状、大小和部件的装配要合理。若结构设计不合理、部件搭配不合适，不仅影响商品的美观，还影响商品的适用性和耐用性，如皮鞋结构不合理会使穿着的人感到不舒服。

日用工业品的结构设计还应符合人体工程学，其结构的尺度、造型、色彩及布置方式都必须符合人体生理、心理尺度及人体各部分的活动规律，做到实用、方便、舒适、人性化。

讲一讲

仔细观察图 2—2 这款相机，想象用你的右手握住它，感受一下它的外形设计是否人性化，并将理由讲给同学们听。

图 2—2　相机

（5）外形美观性

外形美观性是指日用工业品的表面特征能够符合人们审美需要的性能。外形美观性一方面是指商品外观无疵点，即没有影响商品外观质量的缺陷；另一方面是指商品的造型、色彩、图案、装饰等美观、大方，具有艺术感。外观疵点不仅影响商品美观，严重时会影响商品适用性和耐用性，如玻璃器皿上的气泡、裂纹、沙粒都会影响制品的使用。有些商品的外观疵点还能反映出商品的变质情况。

4. 电子商品质量的基本要求

电子商品种类繁多，用途与功能各异，电子商品包括家用电器、现代办公用品、数码产品等。对于这类商品质量的基本要求有以下几个方面：

（1）安全性

电子商品的安全性是衡量电子商品质量的重要指标。安全性要求电子商品在使用过程中不得产生有害人体健康、生命财产安全的伤害事故，必须具有良好的电绝缘性能和防护措施。此外，电子商品的安全性也要求其不存在产生污染环境的危险，如一些电器的辐射、噪声必须控制在安全限度以内。

（2）可信性

可信性主要包括可靠性、耐用性和维修保障性三个方面。可靠性是指电子商品在规定的条件下和规定的时间内，完成规定功能的能力。耐用性是指电子商品在使用时抵抗各种外界因素对其破坏的性能，它决定商品的使用寿命和使用次数，即耐用程度。维修保障性好相当于延长了电子商品的使用寿命，一些电子产品还可以进行改造升级，增强商品功能，提高商品的适用性。

（3）使用适宜性

使用适宜性是指满足电子商品用途所必须具备的主要性能，如电视机必须有清晰的图像和伴音，冰箱必须有良好的制冷效果等。电子商品的使用适宜性除了包括基本功能外，还要求具备多功能性。多功能性是现代电子商品的一个明显标志，也是未来电子商品发展的趋势。

（4）美观性

电子商品的美观性主要包括两方面内容：一方面，电子商品的外观质量应符合一般的美学标准，通过造型、结构、色彩、质地、装饰配件等起到装饰环境、美化生活的作用；另一方面，电子商品外观应该完好，无划痕、压痕、污渍等有损形象的缺陷出现。

第二节　商品标准化与商品标准

一、标准化的概念

国家标准 GB/T 20000.1—2014《标准化工作指南　第 1 部分：标准化和相关活动的通用术语》对标准化的定义是：为了在既定范围内获得最佳秩序，促进共同效益，对现实问题或潜在问题确立共同使用和重复使用的条款以及编制、发布和应用文件的活动。“最佳秩序”是指通过编制、发布和实施标准或规范，使标准化对象（产品、过程或服务）的有序化程度达到最佳状态。“共同效益”是指相关方的共同效益，而不是仅仅追求某一方的效益。

标准化是一个活动过程，标准化活动主要是指编制、发布、实施和修订标准或其他标准化文件的过程。通过标准化活动制定的文件称为标准化文件。标准化活动所建立的标准或规范具有共同使用和重复使用的特征。标准化的主要作用，除了为达到预期目的改进产品、过程或服务的适用性以外，还包括防止贸易技术壁垒、促进技术合作。

二、商品标准化的含义、作用及形式

1. 商品标准化的含义

商品标准化是整个标准化活动中的重要组成部分，是指以商品（产品、服务）为特定对象或主题的标准化。即商品标准化是指在商品生产和流通过程中编制、发布和实施标准的活动。

商品标准化的内容包括：名词术语标准化、商品质量标准化、商品质量管理标准化、商品分类编码标准化、商品零部件通用化、商品品种规格系列化、商品检验与评价方法标准化、商品包装储运和养护标准化等。

2. 商品标准化的作用

（1）商品标准化是现代商品生产和流通的必要前提，是巩固和发展专业化协作生产的基本条件。

（2）商品标准化是建立最佳秩序，实现现代化科学管理的基础。

（3）商品标准化是提高商品质量和合理发展商品品种，提高企业竞争力的技术保证。

（4）商品标准化是合理利用国家资源，保护环境、增产节约、促进经济全面发展和提高社会经济效益的有效手段。

（5）商品标准化是积累实践经验，推广应用新技术，促进技术进步的桥梁。

（6）商品标准化是国际贸易的推动器和调节器。

3. 商品标准化的形式

商品标准化的形式是标准化内容的存在方式，即标准化过程的表现形态，主要有简化、统一化、系列化、通用化、组合化等。

（1）简化

简化是指在一定范围内缩减商品的类型数目，使之在既定时间内满足一定需要的商品标准化形式。当商品多样化已发展到一定规模后，通过合理的简化，消除不必要的商品类型以及同类商品中多余的、重复的、低功能的商品品种，从而为新的更有必要的商品类型、品种、规格的出现，为商品多样化的健康发展和满足社会多样化的需要创造条件。因此，简化是对商品类型、品种进行有意识控制的一种有效形式，它是商品标准化的初级形式。

（2）统一化

统一化是把同类商品两种以上的表现形态归并为一种或限定在一定范围内的商品标准化形式。统一化的实质是商品的形式、功能（效用）或其他技术特征具有一致性，并把这种一致性通过标准化以定量化的形式确定下来。在商品标准化活动过程中需要统一的对象很多，有名称、概念、代号、编号、符号、术语、质量指标、检验方法、操作规程、包装和储运条件、质量管理等。

统一化的目的是消除由于不必要的多样化而造成的混乱，为人类的正常活动建立共同遵循的秩序。如统一商品名称，可以避免出现商品“一物多名”或“一名多物”的混乱现象。

（3）系列化

系列化是对同一类商品中的一组商品同时进行标准化的一种形式。它是标准化的高级形式。系列化是对商品的主要参数（如家电的额定功率、额定电压等）、形式、尺寸（如鞋、自行车的结构尺寸）、基本结构等做出合理的安排与规划，以协调同类商品和配套商品之间的关系。因此，系列化也是使某一类商品系统的结构优化、功效最佳的标准化形式。

（4）通用化

通用化是指在互相独立的系统中，选择和确定具有功能互换性或尺寸互换性的子系统或功能单元的标准化形式。通用化要以互换性为前提。互换性指的是不同时间、不同地点制造出来的商品或零件，在装配、维修时不必经过修正就能任意替换使用的这种性质。通用化的程度越高，生产的机动性越大，对市场的适应性也越强，商品的销路就越广，有利于提高企业和商品的竞争力和经济效益。

（5）组合化

组合化是按照标准化的原则，设计并制造出一系列通用性较强的单元（标准单元），根据需要组合成不同用途商品的一种标准化形式。组合化已广泛应用于家电、仪器仪表、机械类商品的设计和制造。

找一找

准备一个商品包装盒（参考图 2—3）、服装的吊牌标签（参考图 2—4）等，仔细观察，看一看包装上、标签上有没有“执行标准”这项内容，比较各有什么不同。

合格证

商标：TATA
执行标准：休闲鞋 QB/T 2955-2017
等级：合格品
生产日期：2019年04月29日
新百丽鞋业（深圳）有限公司
产地：广东省深圳市
检

合格证

商标：teenmix
执行标准：皮鞋 QB/T 1002-2015
等级：合格品
生产日期：2018年12月01日
新百丽鞋业（深圳）有限公司
产地：广东省深圳市
检

图 2—3　皮鞋包装盒标志之一

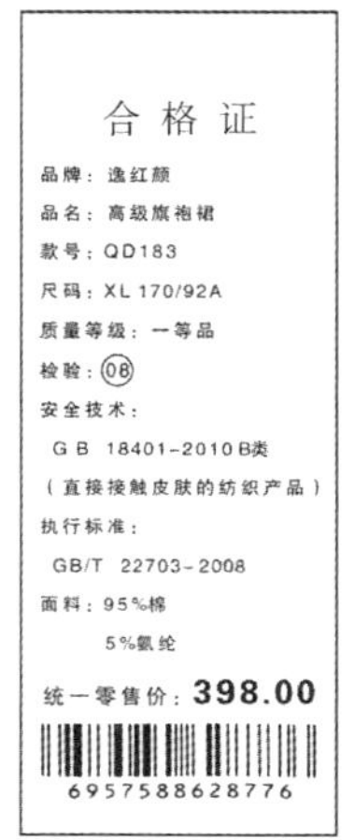

图 2—4 服装吊牌

三、商品标准的概念和分类

1. 商品标准的概念

（1）标准的概念

国家标准 GB/T 20000.1—2014《标准化工作指南 第 1 部分：标准化和相关活动的通用术语》对标准的定义是：通过标准化活动，按照规定的程序经协商一致制定，为各种活动或其结果提供规则、指南或特性，供共同使用和重复使用的文件。

标准是标准化活动的产物，它是一种规范性文件，即为各种活动（技术活动、经济活动和社会生活活动）或其结果提供规则、指南或特性的文件。标准的本质属性是一种统一规定。标准的制定应经有关方面共同协商，经权威机构批准以特定文件（实物）形式公开发布。

（2）商品标准的概念

商品标准是产品标准和服务标准的总称。这是商品标准的广义概念，狭义的商品标准只指产品标准。产品标准的定义是：规定产品需要满足的要求以保证其适用性的标准。服务标准的定义为：规定服务需要满足的要求以保证其适用性的标准。服务标准可以在诸如洗衣、饭店管理、运输、汽车维护等领域内编制。通俗来讲，商品标准是对商品质量以及与质量有关的各个方面（如品种、规格、用途、试验方法、检验规则、包装、标志、运输和储存等）所作的统一技术规定，是评定、监督和维护商品质量的准则和依据。

商品标准不仅是评定商品质量的准绳，而且是科技与生产发展水平的标志。商品标准是商品生产、质量验收、监督检验、贸易洽谈、储存运输等活动的依据和准则，也是对商品质量争议做出仲裁的依据，对保证和提高商品质量，提高生产、流通和使用的经济效益，维护消费者和用户的合法权益等都具有重要作用。

2. 商品标准的分类

商品标准种类很多，常见的分类方式有以下几种：

（1）按表达形式可分为文件标准和实物标准

文件标准是指用特定格式的文件，通过文字、表格、图样等形式，对商品的质量、规格、检验等有关技术方面内容的统一规定。绝大多数商品标准为文件标准。

实物标准常作为文件标准的补充，是由标准化机构或指定部门用实物制成的与文件标准规定的质量要求相同的标准样品，是对某些难以用文字准确表达的（如色、香、味、形、手感、质地等）质量要求所作的统一规定，如棉花、粮食、茶叶、羊毛、蚕茧等实物标准。实物标准又分为全国基本标准和地方仿制标准。标准样要每年更新，以保持各等级标样的稳定。

（2）按约束性可分为强制性标准和推荐性标准

强制性标准又称为法规性标准，是指在一定范围内通过法律、行政法规等强制性手段加以实施的标准，具有法律属性。《中华人民共和国标准化法》（以下简称《标准化法》）规定：保障人体健康、人身财产安全的标准及法律和行政法规规定强制执行的标准属于强制性标准，其他标准是推荐性标准。就是说强制性标准所规定的内容必须执行，不允许以任何理由或方式违反、变更。对违反强制性标准的行为，国家将依法追究当事人的法律责任。

推荐性标准又称为自愿性标准，是指国家鼓励自愿采用的具有指导作用而又不宜强制执行的标准，包括除强制性标准以外的其他标准。推荐性标准的实施以自愿采用为原则，不要求强制执行。

此外，标准按性质可分为技术标准、管理标准和工作标准，按商品标准的熟练程度可分为正式标准和试行标准，按商品标准的适用范围可分为出口商品标准和内销商品标准，按商品标准的保密程度可分为公开标准和内部标准，按商品标准的使用要求可分为生产型标准和贸易型标准等。

四、商品标准的分级

我国的商品标准包括国家标准、行业标准、地方标准和团体标准、企业标准四级。

1. 国家标准

国家标准是指由国家标准化主管机构批准发布，对全国经济技术发展有重大意义，且在全国范围内统一的标准。国家标准分为强制性国家标准和推荐性国家标准。《标准化法》规定：对保障人身健康和生命财产安全、国家安全、生态环境安全以及满足经济社会管理基本需要的技术要求，应当制定强制性国家标准。对满足基础通用、与强制性国家标准配套、对各有关行业起引领作用等需要的技术要求，可以制定推荐性国家标准。强制性标准必须执行。国家鼓励采用推荐性标准，行业标准、地方标准均属于推荐性标准。

国家标准的编号由国家标准代号、发布顺序号和发布年号构成，如图 2—5 所示。国家标准代号由大写汉语拼音字母构成，强制性国家标准代号为“GB”，推荐性国家标准代号为“GB/T”。国家标准顺序号是发布的国家标准的顺序排号。国家标准发布年号为发布该国家标准年份的四位数字。国家标准顺序和年号之间加中横线分开。

GB或GB/T	×××××	—	××××
国家标准代号	标准顺序号		发布年号

图 2—5　国家标准的编号

例如：GB 19298—2014《食品安全国家标准　包装饮用水》，表示：2014 年发布的第 19298 号强制性国家标准，食品安全国家标准包装饮用水。GB/T 12803—2015《实验室玻璃仪器　量杯》，表示：2015 年发布的第 12803 号推荐性国家标准，实验室玻璃仪器量杯。

国家标准是在全国范围内统一的技术要求，随着社会的发展，国家需要不断制定新标准、更新已有标准来满足人们生产、生活的需要。因此，标准是种动态信息。

2. 行业标准

行业标准是指没有国家标准而又需要在全国某个行业范围内统一制定和实施

的标准，主要包括行业范围内的主要产品标准，技术术语、符号、代号等通用技术语言标准，通用零部件和互换性要求标准等。例如，机械、电子、建筑、化工、冶金、轻工、纺织、交通、能源、农业、林业、水利等行业，都制定有行业标准。行业标准属于推荐性标准。

行业标准不能与有关的国家标准相抵触，已有国家标准的不再制定这类标准。已制定有行业标准的，在发布实施相应的国家标准后，该标准即行废止。

行业标准的编号由行业标准代号、标准顺序号及年号组成，如图 2—6 所示。

图 2—6　行业标准的编号

例如：农业农村部推荐标准 NY/T 1885—2017《绿色食品　米酒》，农业农村部推荐标准 NY/T 1889—2017《绿色食品　烘炒食品》，化工部推荐标准 HG/T 4533—2013《化妆品用硫酸钡》。

各行业标准代号由国务院标准化行政主管部门规定。部分强制性行业标准代号见表 2—1。

表 2—1　部分强制性行业标准代号

标准类别	标准代号	标准类别	标准代号	标准类别	标准代号
安全生产	AQ	建材	JC	电子	SJ
包装	BB	建筑工业	JG	水利	SL
船舶	CB	金融	JR	商检	SN
测绘	CH	交通	JT	石油天然气	SY
城镇建设	CJ	教育	JY	铁道	TB
新闻出版	CY	旅游	LB	土地管理	TD
档案	DA	劳动和劳动安全	LD	体育	TY
地震	DB	粮食	LS	物资管理	WB
电力	DL	林业	LY	文化	WH
地质矿产	DZ	民用航空	MH	兵工民品	WJ
核工业	EJ	煤炭	MT	外经贸	WM
纺织	FZ	民政	MZ	卫生	WS

续表

标准类别	标准代号	标准类别	标准代号	标准类别	标准代号
公共安全	GA	能源	NB	文物保护	WW
供销	GH	农业	NY	稀土	XB
国军标	GJB	轻工	QB	黑色冶金	YB
广播电影电视	GY	汽车	QC	烟草	YC
航空	HB	航天	QJ	通信	YD
化工	HG	气象	QX	有色冶金	YS
环境保护	HJ	国内贸易	SB	医药	YY
海关	HS	水产	SC	邮政	YZ
海洋	HY	石油化工	SH	中医药	ZY
机械	JB				

3. 地方标准

为满足地方自然条件、风俗习惯等特殊技术要求，对没有国家标准和行业标准而又需要在省、自治区、直辖市范围内统一的产品的安全、卫生要求，可以制定地方标准。地方标准属于推荐性标准，由省、自治区、直辖市标准化行政主管部门制定，并报国务院标准化行政主管部门和国务院有关行政主管部门备案，在公布国家标准或者行业标准之后，该地方标准即应废止。

地方标准的代号由“DB”加上省、自治区、直辖市行政区划代码的前两位数再加斜线，斜线后再加“T”组成。地方标准的顺序号和年号与国家标准、行业标准相同。地方标准的编号如图 2—7 所示。

DB 区域代码/T	×××××	—	××××
地方标准代号	标准顺序号		发布年号

图 2—7　地方标准的编号

例如，DB45/T 1405—2016 表示 2016 年颁布的第 1405 号广西地方标准，DBS41/T 004—2015 表示 2015 年颁布的第 004 号河南省食品安全地方标准。

我国部分省、自治区、直辖市代码见表 2—2。

表 2—2　　我国部分省、自治区、直辖市代码

名称	代码	名称	代码
北京市	110000	江西省	360000
天津市	120000	山东省	370000
河北省	130000	河南省	410000
山西省	140000	湖北省	420000
内蒙古自治区	150000	湖南省	430000
浙江省	330000	广东省	440000
安徽省	340000	广西壮族自治区	450000
福建省	350000	海南省	460000

4. 团体标准

团体标准是依法成立的社会团体为满足市场和创新需要，协调相关市场主体共同制定的标准，由团体标准代号“T”、社会团体代号、团体标准顺序号和发布年号组成。团体标准编号方法如图 2—8 所示。

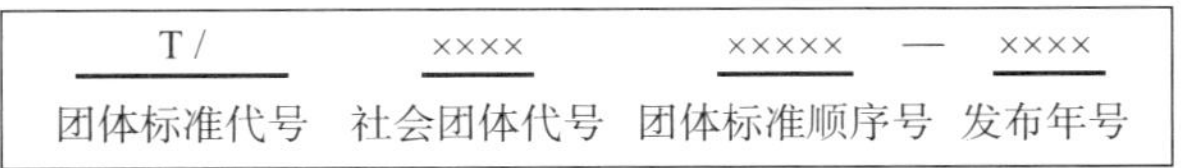

图 2—8　团体标准的编号

例如：T/CCPITCSC 007—2017《外卖配送服务规范》，T/CIE 001—2016《码垛机器人技术要求与验收规范》。

社会团体代号由社会团体自主拟定，可使用大写拉丁字母或大写拉丁字母与阿拉伯数字的组合，社会团体代号应当合法，不得与现有标准代号重复。

5. 企业标准

《标准化法》规定：企业生产的产品没有国家标准和行业标准的，应当制定企业标准，作为组织生产的依据。企业的产品标准须报当地政府标准化行政主管部门和有关行政主管部门备案。已有国家标准或者行业标准的，国家鼓励企业制定严于国家标准或者行业标准的企业标准，在企业内部适用。企业标准由企业组织制定，并按省、自治区和直辖市人民政府的规定备案。

企业标准代号是以“企”字汉语拼音的第一个字母“Q”为分子，分母按中央直属企业和地方企业分别由国务院各有关行政主管部门和地方主管部门规定，

其标准顺序号和发布年号也与国家标准相同。企业标准的编号如图 2—9 所示。

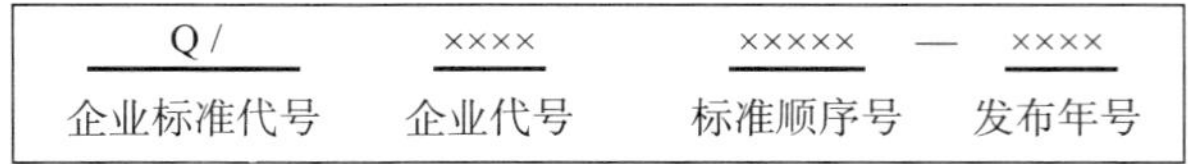

图 2—9　企业标准的编号

例如：Q/EGF 026—1998 表示 1998 年发布的北京市某企业的第 026 号企业标准。

推荐性国家标准、行业标准、地方标准、团体标准、企业标准的技术要求不得低于强制性国家标准的相关技术要求。

国际上的商品标准通常分为国际标准、区域标准、国家标准、行业或专业团体标准。

第三节　商品检验

一、商品检验基础

1. 商品检验的概念

商品检验是指商品的供货方、购货方或者第三方在一定条件下，借助于某种手段和方法，按照合同、标准或国内外有关法律、法规、惯例，对商品的质量、规格、重量、数量、包装、安全及卫生等方面进行检查，并做出合格与否或通过验收与否的判定，或为维护买卖双方合法权益，避免或解决各种风险损失和责任划分的争议，便于商品交接结算而出具各种有关证书的业务活动。

商品检验的根本目的是维护用户或消费者利益，把好商品质量关，杜绝劣质原材料、半成品或制成品进入生产或流通领域，确保商品质量合格，最终实现商品的使用价值。

商品检验是一项科学性、技术性、规范性较强的复杂工作，为使检验结果更具有公正性和权威性，必须根据具有法律效力的质量法规、标准及符合《中华人民共和国经济合同法》的合同等开展商品检验工作。

2. 商品检验的内容

（1）品质检验

品质检验也称质量检验，是根据有关标准或贸易合同的规定，运用各种检验手段（包括人的感官或化学的、物理的检验等手段），对商品的品质、规格、等级等进行检验，确定其是否符合购销合同、标准等规定。品质检验的范围很广，主要包括外观质量检验与内在质量检验两个方面。

（2）重量和数量检验

商品的重量和数量是贸易双方成交商品的基本计量和计价单位，是结算的依据，直接关系到双方的经济利益。重量检验是指根据合同规定的计量方式，计量出商品的准确重量。数量检验是按照有关的票据对整批商品逐一清点，证明其实际装货数量。商品的重量和数量检验包括商品的个数、件数、长度、面积、体积、容积、重量等的检验。

（3）包装检验

包装检验是根据购销合同、标准和其他有关规定，对商品的包装标志、包装材料、种类、包装方法等进行检验，查看商品包装是否完好、牢固等。

（4）安全、卫生检验

安全检验主要是对电子电器类商品的漏电检验、绝缘性能检验和 X 光辐射检验等。

卫生检验是指对商品中的有毒、有害物质及微生物等的检验，主要是依据《中华人民共和国食品安全法》《化妆品卫生监督条例》《中华人民共和国药品管理法》等法规，对食品、药品、食品包装材料、化妆品、玩具、纺织品、日用器皿等进行的卫生检验，检验其是否符合卫生条件，以保障人民健康和维护国家信誉，如对食品添加剂中铅、砷、镉等的检验。

3. 商品检验的形式

（1）按检验主体的不同分为生产检验、验收检验和第三方检验

生产检验又称第一方检验、卖方检验，是商品生产者为了维护企业信誉、保证商品质量，对原材料、半成品和成品进行的检验活动。生产检验合格的商品常用“检验合格证”加以标识。

验收检验又称第二方检验、买方检验，是商品的购买者为了维护自身及其顾客的利益、保证所购商品的质量满足合同规定或标准要求所进行的检验活动。

第三方检验又称法定检验、公正检验，是处于买卖利益之外的第三方，以公正的、权威的非当事人身份根据相关法律、法规、合同或标准所进行的检验活动。其目的在于维护各方面的合法权益和国家利益，协调矛盾，使商品的交易活动能够顺利而有序地进行。

（2）按检验有无破坏性分为破坏性检验和非破坏性检验

破坏性检验是指经测定、实验后的商品遭受破坏的检验。非破坏性检验是指经测定、实验后的商品仍能够正常使用的检验，也称无损检验。

（3）按检验的相对数量分为全数检验、抽样检验和免于检验

全数检验是对被检批商品逐个（逐件）地进行检验，也称为百分之百检验。这种检验的特点是可以提供较多的质量信息，主要适用于商品批量小、商品特性

少、非破坏性的商品检验，常用于贵重、质量不够稳定商品的质量检验。

抽样检验是商品检验的常用方式，是按事先已确定的抽样方案，从被检批商品中随机抽取少量样品，组成样本，再对样品逐一测试，并将检验结果与标准或合同技术要求进行比较，最后由样本质量状况统计推断受检批商品整体质量是否合格的检验。

免于检验是指对生产技术和检验条件较好，质量控制具有充分保证，成品质量长期稳定的生产企业的商品，在企业自检合格后，商业和外贸部门可以直接收货，免于检验。但对涉及安全、卫生及有特殊要求的商品不能申请免于检验。

（4）按检验依据、对象及流向分为非进出口商品检验和进出口商品检验

非进出口商品检验是指国内的商品经营企业、用户、内部贸易部门及其下属部门的质量管理机构与监督检验机构或国家质量技术监督局及其所属的商品质量监督管理机构认可的商品质量检验机构，根据国家法律、法规、有关技术标准或合同对非进出口商品质量进行的检验活动。国家质量技术监督部门是管理社会商品质量的政府主管机构，负责对全国的各种商品质量进行检验监督，如日常监督抽查、委托性检验、全国统一检验等。

进出口商品检验是指由国家设立的进出口商品检验部门，对进出口商品的质量、规格、卫生安全性能、数量等实施检验和鉴定，并出具证书的工作。我国进出口商品检验工作可分为三类，即法定检验、公证检验和监督管理检验。

二、商品检验方法

进行商品检验时，首先要选择正确的商品抽样方法，正确的抽样方法是保证获得准确检验结果的重要因素。

1. 抽样

（1）抽样的概念

抽样也称取样、采样、拣样，是指根据合同或标准规定的要求，用科学的方法从被检验的商品批中抽取一定数量具有代表性的样品，作为评定该批商品质量的依据，这种抽取样品的工作称为抽样。抽样时通常以一个订货合同为一批，若同批质量差异较大或订货量很大或连续交货，也可分为若干批。批量大小应由商品特点和生产、流通条件决定。体积小、质量稳定的，批量可大些；反之，批量可小些。

（2）抽样的要求

抽样应当依据抽样对象的形态、性状，合理选用抽样工具与样品容器。外地调入的商品，抽样前应检查有关证件。抽样的同时应做好记录，内容包括抽样单位、地址、仓位、车间号、日期、样品名称、样品批号、样品数量、抽样者姓名等。抽取的样品应妥善保存，保持样品原有的品质特点。抽样后应及时鉴定。

（3）抽样的方法

抽样的目的在于用尽量小的样本所反映的质量状况，来推断整批商品的质量。因此，用什么方法抽样，对准确判定整批商品的平均质量十分重要。目前，普遍采用的抽样方法是随机抽样。随机抽样是指抽样时不带任何主观偏见，完全用随机的方法抽取样品的方法。

1）简单随机抽样法。简单随机抽样法又称单纯随机抽样法，它是对整批同类商品不经过任何分组、划类、排序，直接从中按照随机原则抽取检验样品的抽样方法。该方法应用时将批中各单位商品编号，利用抽签、随机数表或计数器产生的随机数字确定抽取的样品。当被检批的批量较小时适用此法，但当批量较大时，则无法使用这种方法。

2）分层随机抽样法。分层随机抽样法又称分组随机抽样法、分类随机抽样法，它是将整批同类商品按主要标志分成若干组，然后从每组中随机抽取若干样品，合在一起组成一个样本。这种方法尤其适用于批量较大且质量也可能波动较大的或来自不同生产线的商品。分层随机抽样的样本有很好的代表性，是目前使用较多的一种抽样方法。

3）系统随机抽样法。系统随机抽样法又称等距随机抽样法、规律性随机抽样法，它是按一定的规律从整批商品中抽取样品的方法。具体的做法是：先对整批商品进行编号，然后随机决定一个数字为抽样的基准号码，再按事先定好的规则推算出应抽取样品的编号，以确定并抽取出全部需要的样品，如按 6、16、26、36 的顺序抽取样品。此法获得的样品在整批商品中分布比较均匀，具有较高的代表性，适用于较小批量商品的抽样，但不宜用于产品质量缺陷规律性出现的商品的抽样。

讲一讲

我们去买蔬菜水果、面包蛋糕、衣服鞋子、电视、手机、自行车等时，是如何来判定商品的质量的？大家讲一讲，看谁的经验多。

2. 商品检验的具体方法

商品检验的方法很多，根据所用的器具、原理和条件，主要分为感官检验法、理化检验法和生物学检验法。

（1）感官检验法

感官检验法是指利用人的感觉器官作为检验器具，对商品的色、香、味、形、手感、音质、音色等感官质量特性，在一定条件下作出判定和评价的检验方法。

按照人的感觉器官的不同，感官检验分为视觉检验、听觉检验、味觉检验、嗅觉检验、触觉检验等。

（2）理化检验法

理化检验法是指在实验室的一定环境条件下，借助各种仪器、器具和试剂，运用物理、化学的方法来检测、评价商品质量的一种方法。它主要用于检验商品的成分、结构、物理性质、化学性质、安全性、卫生性，以及对环境的污染和破坏性等。理化检验法可以分为物理检验法和化学检验法。

物理检验法是指根据物理学原理，应用物理仪器测定商品物理性质的一种检验方法。物理检验法因所检验商品的性质和要求不同，而采用不同的检验仪器。根据检验仪器的不同，物理检验法可分为一般物理检验法、力学检验法、光学检验法、电学检验法、热学检验法等。

化学检验法是指用化学试剂和化学仪器对商品的化学成分及其含量进行测定，进而判定商品是否符合规定的质量要求的方法。依据操作方法的不同，化学检验法可分为化学分析检验法和仪器分析检验法。

（3）生物学检验法

生物学检验法是指使用组织学分析法、生物实验法、显微镜观察法等手段检验商品的成分、结构等技术指标的一种方法。生物学检验法包括微生物学检验法和生理学检验法。

商品检验方法的类别及具体含义见表 2—3。

表 2—3 商品检验的方法

<table>
<tr><th colspan="3">检验方法类别</th><th>检验方法含义</th></tr>
<tr><td rowspan="5">感官检验法</td><td colspan="2">视觉检验法</td><td>用人的视觉器官（眼）来检查商品的外形、结构、光泽、新鲜度、整齐度、疵点和包装质量等</td></tr>
<tr><td colspan="2">听觉检验法</td><td>凭借人的听觉器官（耳）来检查商品的质量。例如，从敲击声中检查金属制品、瓷器等是否存在裂纹和缺陷；评价各种乐器、音响的音质、音色及机电商品的噪声；评定食品的成熟度、新鲜度、冷冻程度等</td></tr>
<tr><td colspan="2">味觉检验法</td><td>用人的味觉器官（舌）来检查有一定滋味的商品（食品、药品等）的品质</td></tr>
<tr><td colspan="2">嗅觉检验法</td><td>通过嗅觉检查商品的气味，进而评价商品的质量</td></tr>
<tr><td colspan="2">触觉检验法</td><td>利用人的触觉感受器（手）对被检商品进行触摸、按压或拉伸来评价商品的质量</td></tr>
<tr><td rowspan="7">理化检验法</td><td rowspan="5">物理检验法</td><td>一般物理检验法</td><td>通过各种量具、量仪或专业仪器来测定商品的长度、细度、面积、体积、厚度、质量、密度、容量、粒度、表面粗糙度等</td></tr>
<tr><td>力学检验法</td><td>通过各种力学仪器测定商品的力学性能。这些性能主要包括商品的抗拉强度、抗压强度、抗弯曲强度、抗冲击强度、抗疲劳性能、硬度、弹性、耐磨性等</td></tr>
<tr><td>光学检验法</td><td>利用光学仪器如显微镜、折光仪、旋光仪等检验商品光学性能方面的质量指标</td></tr>
<tr><td>电学检验法</td><td>利用电学仪器测定商品电学方面的质量特性。它是家用电器类商品安全性能（如漏电、耐压等）检验的重要手段</td></tr>
<tr><td>热学检验法</td><td>利用热学仪器测定商品的热学特性（包括熔点、凝固点、沸点、耐热性等）</td></tr>
<tr><td rowspan="2">化学检验法</td><td>化学分析检验法</td><td>根据已知的、能定量完成的化学反应进行分析，包括质量分析法、容量分析法、气体分析法等</td></tr>
<tr><td>仪器分析检验法</td><td>通过检验试样的光学、电学等性能求出商品的待测成分、含量，包括光学分析法和电学分析法，在进出口商品的质量检验中应用较多</td></tr>
<tr><td rowspan="2">生物学检验法</td><td colspan="2">微生物学检验法</td><td>采用微生物技术手段，检测商品中有害微生物存在与否以及数量多少，主要用于食品及其包装物、化妆品、卫生用品等的检验</td></tr>
<tr><td colspan="2">生理学检验法</td><td>检验食品的可消化率、发热量、营养成分对机体的作用，以及食品和其他商品中某些成分的毒性等</td></tr>
</table>

讲一讲

请根据上面内容，分小组讨论、分析感官检验法和理化检验法的优缺点。

想一想

你在购买图 2—10 所示几种商品时是如何挑选的？挑选方法属于哪一种检验方法呢？

图 2—10　商品

三、商品品级

1. 商品品级的概念

商品品级是指对同一品种的商品，按其达到商品质量标准的程度所确定的等级。我国把根据商品质量标准（包括实物质量标准）和实际质量检验结果，将同种商品区分为若干等级的工作，称为商品分级。商品的种类不同，分等分级的质量特性指标内容也不同。

商品品级通常用等或级的顺序来表示，其顺序反映商品质量水平的高低。通常用几等、几级或甲、乙、丙、A、B、C 等来表示商品质量的高低。例如，我国的皮辊棉加工细绒棉，根据棉花的成熟程度、色泽特征以及轧工质量，将品级分为七个等级，即 1～7 级，作为表示棉花品质优劣的综合性指标，级数越小品质越好。国家推荐标准 GB/T 4288—2018《家用和类似用途电动洗衣机》对家用电动洗衣机的主要性能如洗净比、洗净均匀度、用水量、含水率、噪声、无故障运行时间等进行分等定级，其分等定级按照国际先进水平、国内先进水平、国内中等水平、国内一般水平分别分为 A 级、B 级、C 级、D 级四个等级。

2. 商品品级的分级方法

商品分级的方法主要包括百分记分法、限定记分法和限定缺陷法三类。

（1）百分记分法

百分记分法是把商品的各项质量指标的要求规定为一定分数，其中重要的质量指标所占比重较高，次要的质量指标所占比重较低。各项质量指标完全符合标准规定的要求时，各项质量指标的分数总和为 100 分。如果其中一项或几项质量指标达不到标准的要求，则相应扣分，分数总和就要降低。当分数总和达不到一定等级的分数线，则相应降低品级。这种方法在食品和部分日用工业品商品评级中广泛应用。

（2）限定记分法

限定记分法是将商品的各种质量缺陷（即质量指标不符合质量标准）规定为一定的分数，由缺陷分数的总和来确定商品的品级。商品的缺陷越多，分数的总和越高，商品的品级越低。该方法主要用于日用工业品、纺织品等商品的品级划分。

（3）限定缺陷法

限定缺陷法是在标准中规定商品的每个质量等级所限定的质量缺陷的种类、数量、程度以及不允许有哪些质量缺陷。此法多用于胶鞋、玻璃制品、搪瓷制品、陶瓷制品、纸张等商品的品级划分。如全胶鞋的质量指标共有 13 个感官指标，其中，鞋面起皱或麻点在一级品中规定“稍有”，二级品中规定“有”，鞋面砂眼在一级品中规定“不许有”等。

四、商品质量认证

1. 商品质量认证的概念

国际标准化组织给商品质量认证所下的定义是：由可以充分信任的第三方证实某一经鉴定的产品或服务符合特定标准或其他技术规范的活动。

我国产品（商品）质量认证管理条例所下的定义是：依据产品（商品）标准和相应的技术要求，经认证机构确认并通过颁发认证证书和认证标志来证明某一产品（商品）符合相应标准和相应技术要求的活动。

理解商品质量认证的概念，应把握以下几点：

（1）商品质量认证的对象是产品（商品）、服务、管理体系，也是目前世界各国实行质量认证的主要对象。

（2）商品质量认证的依据是标准和技术规范。

（3）商品质量认证的证明方式是合格证书（认证证书）或合格标志（认证标志）。

（4）商品质量认证的认证机构是可以充分信任的第三方。

2. 商品质量认证的作用

（1）商品质量认证促进了商品质量的提高，有利于推动市场经济的发展。

（2）商品质量认证提高供方的质量信誉以及商品在国内外市场上的竞争能力。

（3）商品质量认证有利于保护消费者和用户的利益，指导消费者选购自己满意的商品。

（4）商品质量认证减少社会检验和评定的重复劳动以及检验评价的费用。

近年来，商品质量认证制度又有了新的发展，出现了单独对供方质量体系进行评定的认证形式，即质量体系认证。目前，国际标准化组织和世界各国正在积极开展环境管理体系认证和安全体系认证。

3. 商品质量认证的分类

（1）按认证性质的不同，分为强制性认证和自愿性认证

对有关人身安全、健康、检疫、环保、劳保等产品，依据法律规定必须实施强制性认证，该类产品未获得认证不得销售，否则依法惩处。

对一般产品均实行自愿性认证，没有经过认证的产品也可以在市场上销售。

（2）按认证内容的不同，分为质量认证和安全认证

质量认证也称合格认证，是用合格证书或合格标志证明某一商品（产品）或服务符合其质量标准要求的认证。我国《产品质量认证管理条例》中规定“实行合格认证的产品，必须符合《标准化法》规定的国家标准或者行业标准的要求”。合格认证属于自愿性认证。

安全认证是以安全标准或商品标准中安全要求为依据，对商品或只对商品有关安全的项目进行的认证。通常世界各国的安全认证都属于强制性认证。获得安全标志的商品只能证明该商品符合其安全标准或标准中的安全指标，而无法说明该商品质量的优劣。

4. 常见商品质量认证标志

国内商品质量认证标志主要有 CCC 中国强制性认证标志、有机食品认证标志、绿色食品标志、生态纺织品产品认证标志、中国质量认证中心产品认证标志、中国长城认证标志，如图 2—11 至图 2—16 所示。其中 CCC 中国强制性认证是国家安全认证（CCEE）、进口安全质量许可制度（CCIB）、中国电磁兼容认证（EMC）三合一的“CCC”权威认证，简称“3C”认证，是中国国家认证认可监督管理委员会与国际接轨的一个先进标志，有着不可替代的重要性。

图 2—11　CCC 中国强制性认证标志

图 2—12　有机食品认证标志

图 2—13　绿色食品标志

图 2—14　生态纺织品产品认证标志

图 2—15　中国质量认证中心产品认证标志

图 2—16　中国长城认证标志

找一找

请同学们上网搜索“3C”认证相关知识。

思考与练习

一、填空题

1. 商品质量是指商品满足__________和__________需要能力的特性的总和。

2. 商品质量可以分为__________和__________两个部分。

3. 对食品质量的基本要求是：__________、__________和食品的色、香、味、形。

4. 对日用工业品质量的基本要求有：__________、__________、卫生安全性、__________和外形美观性等。

5. 根据《标准化法》，我国的商品标准包括__________、__________、地方标准和团体标准、__________四级。

6. GB 17323—1998 表示：__________年发布的第__________号强制性国家标准。

7. 商品检验的依据是：具有法律效力的__________、__________及合同等。

8. 感官检验法是指利用人的__________作为检验器具，对商品的色、香、味、__________、__________、__________、音色等感官质量特性，在一定条件下作出判定和评价的检验方法。

二、判断题

1. 商品的自然质量，又称实用质量、技术质量等，是由商品的社会属性决定的。(　　)

2. 商品的社会质量相对于自然质量而言，具有主观性、相对性和发展性。(　　)

3. 食品的营养价值通常指食品中所含营养素和热能满足人体需要的程度，它包括食品的卫生安全性、可消化率和发热量三个因素。(　　)

4. 适用性是指日用工业品满足其主要用途所必须具备的性能，如保温瓶必须保温，钢笔要求下水均匀、书写流利等。(　　)

5. 盛放食品的器皿、牙膏、儿童玩具等应无毒无害，这都是日用工业品在使用过程中保障人身健康和安全所必须具备的性能，它们属于商品的卫生安全性要求。(　　)

6. 国家标准是指由国家标准化主管机构批准发布，必须在全国范围内统一的标准。(　　)

7. GB/T 17392—2008 表示 2008 年发布的第 17392 号强制性国家标准。(　　)

8.《标准化法》规定：企业生产的产品没有国家标准和行业标准的，应当制定企业标准，作为组织生产的依据。(　　)

9. 第一方检验又称买方检验、生产检验；第二方检验又称验收检验、卖方检验；第三方检验又称法定检验、公正检验。(　　)

三、简述题

1. 影响商品质量的因素有哪些?

2. 什么叫商品标准? 商品标准是如何分类的?

3. 什么叫商品标准化? 商品标准化的内容和形式有哪些?

4. 什么叫抽样? 有哪些抽样方法? 它们各适用于哪些商品?

5. 简述感官检验法和理化检验法的优缺点。

四、技能训练

1. 实训内容

同学们分组到大型超市观察各种商品的包装，收集包装标识上有关商品标准、商品等级、商品认证标志等内容，做好记录。

2. 实训目的

通过收集资料，让学生多接触各类商品质量标志、商品标准、商品检验、商品等级、商品认证标志等。

3. 实训要求

以小组为单位写出调查报告，并与其他小组交流。

第三章 商品包装、储存与养护

商品在流通过程中会受到各种因素如温度、湿度、阳光、氧气、微生物、外力等的影响，可能发生物理、化学、生物等变化，造成商品损失、损耗。因此，必须依据商品的特性，选择适当的包装材料、包装容器和包装方法，采用一定的包装技术，对商品进行科学合理的包装；同时在储存、运输和使用过程中，对商品进行正确、合理的保养和维护，防止商品受损，最大限度地减小商品损耗，使商品完好无损地到达消费者手中，满足消费需求。

学习目标

1. 理解商品包装的概念及作用，能够判断各种包装材料的特点和适用范围，能够识别不同包装标志并依据包装标志管理好商品。

2. 了解商品储存的概念和作用，理解商品储存期间的质量变化及影响质量变化的外界因素，能够根据商品特点合理储存商品。

3. 了解商品养护的概念，熟悉储存商品的一般养护技术，能够运用所学知识和方法对商品进行合理养护。

第一节 商品包装

一、商品包装的概念

商品包装是指为在流通过程中保护产品、方便储运、促进销售，按一定技术方法而采用的容器、材料及辅助物等的总体名称。也指为了达到上述目的而采用容器、材料和辅助物的过程中施加一定方法等的操作活动。商品包装概念有两层含义：第一层含义是指盛装商品的材料和容器，通常称作包装物，如箱、袋、筐、桶、瓶等；第二层含义是指盛装或包扎商品的操作活动。通常所说的商品包装主要是指商品的包装容器和其他包装材料。

商品包装具有从属性和商品性两种特性。商品包装是其内装物的附属品，是附属于内装物的特殊商品，具有价值和使用价值，同时又是实现内装物价值和使用价值的重要手段。

想一想

1. 壮壮说：商品包装是指盛装商品的各种箱子、盒子、桶等。
2. 萍萍说：商品包装是指包扎商品的过程。

他们的说法对吗？

二、商品包装的作用

1. 保护商品

商品包装的保护性是商品包装最基本、最重要的功能，即包装能保护商品不受损害和损失。

2. 方便储存、流通和消费

商品包装可以使各种不同形状的商品外观形状统一化，不管是圆的或是其他形状的商品，都可以采用较规则形状的箱子进行包装，便于堆垛、计数、集装，给储存和流通都带来了很大的方便。同时，包装也使消费者便于选购、携带和使用。

3. 刺激消费，促进销售

精美的包装能够吸引消费者的目光，刺激人们的消费欲望，从而促进销售。同时，商品包装可以用来对商品做介绍、宣传，便于人们了解商品，成为商品无声的促销员。

三、商品包装的种类

1. 按包装在流通中的作用分类（见表3—1）

表3—1　按在流通中的作用对商品包装进行分类

名称	俗称	目的、功能	发展趋势
运输包装	工业包装 外包装 大包装	以强化运输，便于保管、保护商品为目的	两者近年来有着相互接近的倾向，如家电产品包装
销售包装	商业包装 内包装 小包装	以促销为目的，外表美观，有必要的装潢、包装单位，适合顾客购买，能够满足商店设施的要求，是包装的延伸功能	

2. 按包装所用材料分类（见表3—2）

表3—2　按所用材料对商品包装进行分类

名称	综合特点	优点	缺点	常见容器
纸质包装	以纸或纸板为原料制成的商品包装，应用最广泛，品种最多，耗用量也最大，约占整个包装材料产值的45%	价格低、质地细腻均匀、耐摩擦、耐冲击、容易黏合、不受温度影响、无毒、无味，适于机械化生产，可回收，环保	纸的刚性、防潮性、防湿性、透明性差，限制了纸的使用范围	瓦楞纸箱、纸板、纸盒（见图3—1）、纸袋

续表

名称	综合特点	优点	缺点	常见容器
木质包装	以木材、木材制品或人造板材制成，历史悠久，几乎所有的木材都可以成为包装材料，特别是作为外包装材料时有更明显的优势	具有非常强的抗压、抗震性，适合包装大型机械设备、精密仪器等	易于吸收水分、易变形开裂、易腐烂、易蛀蚀、有异味，不利于成批机械化加工，价格高，资源有限。过多砍伐不利于环境保护	木箱（见图3—2）、木桶、胶合板箱、纤维板箱
金属包装	以马口铁、薄钢板、铝箔、铝合金等材料制成	不易破碎，不透气，防光、防潮性，具有良好的加工性，易于加工成型和回收再利用，不污染环境	成本高、能耗大、易生锈	铁桶、铁箱、铝合金箱（见图3—3）、饮料罐、金属罐、铁丝笼
塑料包装	以人工合成树脂为主要原料的高分子材料制成，也称为合成树脂包装材料	化学稳定性好，具有一定的强度、弹性、耐折性，耐摩擦，防潮防湿，易于加工成型	强度不如钢铁，耐热性不如玻璃，易老化、有些有异味，废弃物难于处理	塑料桶、塑料袋、塑料盒、塑料瓶、塑料箱
陶瓷与玻璃包装	陶瓷、玻璃是传统的包装材料，陶瓷用于传统特产如榨菜、黄酒、酱菜的包装	美观大方、防潮防湿、耐风化、耐热耐酸、不变形、化学稳定性强，无毒无味，玻璃透明	耐冲击强度差、易破碎、自身重量大、运输成本高，限制使用范围	玻璃瓶、陶瓷罐、陶瓷坛子（见图3—4）等
复合材料包装	将两种或两种以上具有不同特征的包装材料通过各种方式复合在一起，使其互相取长补短，改进单一材料的性能，发挥更多材料的优点。常见的复合方式有塑料与玻璃复合、塑料与木材复合、金属箔与塑料复合、纸张与塑料复合等。广泛应用于食品、药品、化工原料等的包装			铁塑桶、金属箔与塑料复合袋（见图3—5）
其他天然包装材料	棉、麻植物纤维制作的布袋、麻袋，用于盛装粮食、农副产品、中药材等；竹类、野生藤条、树枝类和草类也是来源广泛、价格低廉的包装材料，用它们编织成的包装容器具有轻便、通风、结实、造型独特、不污染环境等特点			竹篓、柳条筐、麻袋、草袋

▼包装盒+管体正面

图 3—1　纸质包装

图 3—2　木质包装

图 3—3　金属包装（集装箱）

图 3—4　陶瓷包装

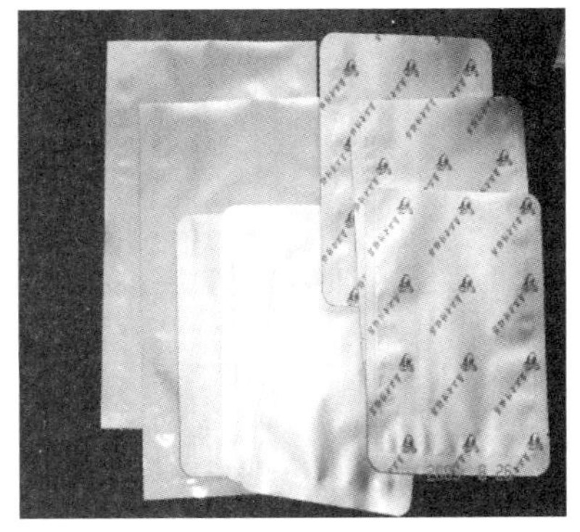

图 3—5　复合包装材料包装

3. 按包装技术方法分类

按所采用的不同技术方法，包装可以分为防水包装、防潮包装、防锈包装、防霉包装、防虫包装、防冻包装、防磁包装、防辐射包装、缓冲包装、无菌包装、收缩包装、真空包装与充气包装、泡罩包装与贴体包装等。

四、商品包装的标志

1. 运输包装标志

运输包装标志是指在运输包装的外部印刷的文字、符号、数字、图形以及它们的组合，以便于商品的储存、运输、装卸。运输包装标志分为收发货标志、包装储运图示标志和危险货物包装标志。

（1）收发货标志

商品运输收发货标志是指在商品外包装上的商品分类图示标志、文字说明、排列格式和其他标志的总称，也叫识别标志。国家标准 GB 6388—1986《运输包装收发货标志》对运输包装收发货标志的具体内容作出了详细规定，见表 3—3。

表 3—3　运输包装收发货标志的具体内容

序号	项目		含义
	代号	中文	
1	FL	商品分类图示标志	表明商品类别的特定符号
2	GH	供货号	供应该批货物的供货清单号码（出口商品用合同号码）
3	HH	货号	商品顺序编号，以便出入库、收发货登记和核定商品价格
4	PG	品名规格	商品名称或代号，标明单一商品的规格、型号、尺寸、花色等
5	SL	数量	包装容器内含商品的数量
6	ZL	重量（毛重）（净重）	包装件的重量（kg）包括毛重和净重
7	CQ	生产日期	产品生产的年、月、日
8	CC	生产工厂	生产该产品的工厂名称
9	TJ	体积	包装件的外径尺寸：长（m）× 宽（m）× 高（m）= 体积（m^3）
10	XQ	有效期限	商品有效期至 ×××× 年 ×× 月
11	SH	收货地点和单位	货物到达站、港和某单位（人）收（可用贴签或涂写）
12	FH	发货单位	发货单位（人）
13	YH	运输号码	运输单号码
14	JS	发运件数	发运的件数

商品分类图形标志（代号 FL）是按照国家统计目录分类，规定用几何图形加简单文字构成的特定符号，如图 3—6 所示，同时按商品类别规定用单色印刷。

图 3—6 商品分类图形标志

（2）包装储运图示标志

包装储运图示标志又称指示标志，是依据商品特性，用醒目、简明的文字和图形构成特殊标志符号，标明在装卸运输和储存过程中应注意的问题。其作用在于警示人们在储运过程中规范操作、避免差错、保护商品。

包装储运图示标志如图 3—7 所示。

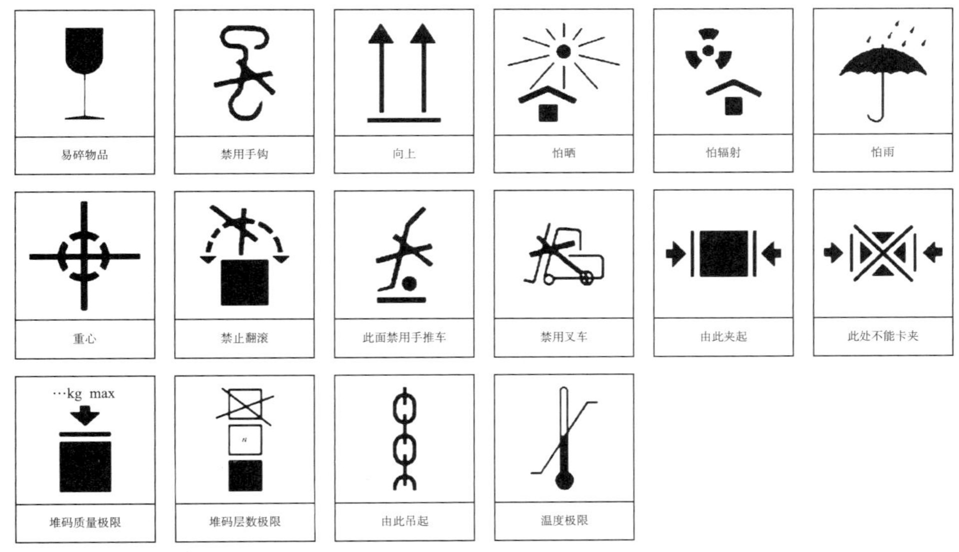

图 3—7 包装储运图示标志

（3）危险货物包装标志

危险货物包装标志又称危险品标志，是为了对易燃、易爆、易腐、有毒、放射性等危险物品起警示作用，而在运输包装上加印的特殊标记，由文字和图形构成，部分标志如图 3—8 所示（彩色图片可扫描右侧二维码观看）。我国对危险货物的分类以及危险货物包装标志的图形、颜色、尺寸、适用范围、使用方法都

图 3—8　危险货物包装标志

做了明确的规定。

2. **销售包装标志**

找一找

看看你身边的商品包装（如饮料瓶、方便面袋、洗衣粉袋、洗发液瓶、护肤品包装瓶等），仔细观察，找一找，包装上面印有什么内容？都有哪些标志？有哪些内容是相同的？有哪些内容是不同的？

销售包装标志是指在销售包装上的产品标识，可以用文字、符号、数字、图形以及其他说明物表示，如图 3—9 所示。它是生产者、销售者传达商品信息、表现商品特色、推销商品的主要手段，是消费者选购商品、正确使用和保养商品的指南。销售包装标志的主要内容如图 3—10 所示。

羊毛洗涤性能认证标志

纯羊毛标志

绿色食品标志

图 3—9 商品部分销售包装标志举例

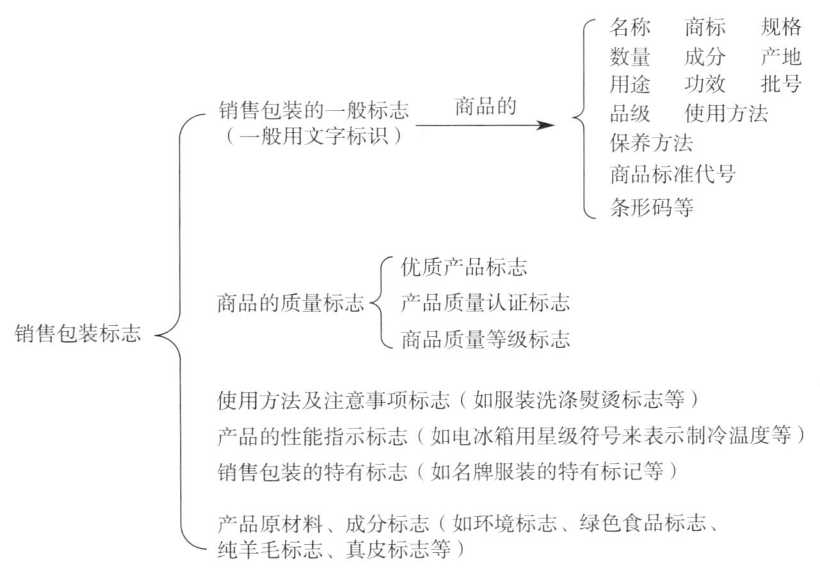

图 3—10 销售包装标志的内容

第二节　商品储存

一、商品储存的概念

商品储存是指商品在流通中的暂时停留过程，也就是指商品在流通的各个环节中，为实现销售目的所出现的暂时停留和存放。它的内容包括储存、管理、保养和维护等活动。

商品从生产领域进入消费领域之前，往往要在流通领域停留一定时间，这就形成了商品储存。商品储存的主要设施是仓库。储存是商品流通领域中唯一的静态环节，也有人称之为“时速为零”的运输。

商品储存在流通领域中起着缓冲、调节和平衡的作用，能有效克服产品生产与消费在地理上、时间上的差异，创造时间效用，实现商品使用价值。

想一想

苹果、香蕉、菠萝、柑橘一般在哪些地区种植？在什么季节收获？

春节时你能吃到苹果、梨、香蕉吗？为什么一季收获的水果我们四季都能享用呢？为什么一个地区生产的水果，全国各地都能买到呢？

它们与商品储存有关系吗？

二、商品储存的过程

商品储存的过程如图 3—11 所示。

1. 验货收货

商品入库是商品在整个物流供应链上的短暂停留，准确的验货和及时的收货能够加强此环节的效率。

2. 商品保管

商品进入仓库进行保管，需要安全经济地保持好商品原有的质量水平和使用

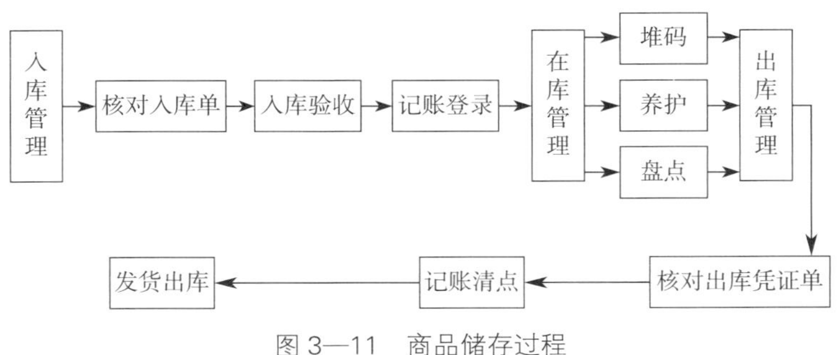

图 3—11 商品储存过程

价值，防止由于不合理的保管措施所引起的商品磨损、变质、流失等现象。

3. 发货出库

仓库管理员根据提货清单，在保证商品原先的质量和价值的情况下，进行商品的搬运和简易包装，然后发货。出库的商品应贯彻“先进先出”“易坏先出”“接近失效期先出”的原则。

想一想

同学们在电视里、生活中见过图 3—12 至图 3—16 的几种场景吗？

图 3—12 物流仓库

图 3—13 阁楼式货架

图 3—14 悬臂式货架

图 3—15 贯通式货架

图 3—16 自动化立体仓库

三、商品储存期间的质量变化

想一想

为什么有些刚采摘的水果（如苹果、梨）会发硬、不好吃，放一段时间后会变甜、变脆？

为什么玻璃使用时间久了，无论如何擦拭都不会像新的一样光洁透亮？

哪些东西容易发霉？哪些东西容易生锈？如何才能避免这些东西发霉或生锈呢？

商品在储存期间会发生各种各样的质量变化，主要有物理变化、化学变化、生理生化及生物学变化，具体内容见表 3—4。

表 3—4 商品在储存期间的质量变化

质量变化	现象	具体内容
商品的物理变化	挥发	酒精、花露水、樟脑、碘伏、农药、汽油等易挥发
	溶化	食盐、食糖、糖果、明矾、氮肥、医药制剂等易溶化
	熔化	油膏类、发蜡、松香、糖衣片、蜡烛等易熔化
	渗漏	指液体商品发生跑、冒、滴、漏的现象
	串味	大米、面粉、食糖、饼干、茶等易出现串味现象
	沉淀	墨汁、墨水、蜂蜜等易出现沉淀
	沾污	指商品外表沾有其他脏物的现象
	机械损伤	指商品在外力作用下所发生的形态上的改变，如破碎、散落、变形等
	干缩脆裂	纸张、皮革、木制品、糕点、水果、蔬菜等易干缩脆裂

续表

质量变化	现象	具体内容
商品的化学变化	氧化	商品与空气中的氧或其他氧化物接触会被氧化、分解、水解
	腐蚀	主要指金属锈蚀
	风化	玻璃风化后会降低透明度
	曝光	照相的胶片会发生曝光
	老化	某些以高分子化合物为主要成分的商品易老化
商品的生理生化及生物学变化	发芽和抽薹	马铃薯、大蒜、葱头等易出现
	胚胎发育	主要是鲜蛋类商品易出现
	后熟	瓜果蔬菜等食品脱离母株后继续成熟的现象
	霉变	针棉织品、皮革制品、纸张、香烟、中药、粮食等都易出现霉变现象
	腐败	指富含蛋白质等商品在腐败细菌的作用下分解变质的现象

四、影响商品储存期间质量变化的外界因素

商品在储存过程中，能引起商品质量变化的外界因素很多，包括氧气、日光、微生物、仓库害虫、空气温度和空气湿度以及卫生条件等，其中最主要的是空气温度和空气湿度。

想一想

氧气、日光能使哪些商品发生什么样的质量变化?

1. 氧气

氧气非常活跃，能和许多商品发生反应，对商品质量变化影响很大。

2. 日光

日光能加速受潮商品中的水分蒸发，杀死、杀伤商品中的微生物和害虫，保护商品。与此同时，某些商品在日光作用下又会发生质量变化。

3. 微生物

常见危害商品的微生物主要是一些腐败性细菌、酵母菌和霉菌，特别是霉菌，它是引起绝大部分日用工业品、纺织品和食品霉变的主要根源。

4. **仓库害虫**

仓库害虫（以下简称仓虫）在危害商品过程中，不仅破坏商品的组织结构，使商品发生破碎、产生孔洞，外观形态受损，而且吐丝结茧，排泄各种代谢物玷污商品，影响商品的质量和外观。商品如受到仓虫破坏，一般损失会相当严重。

5. **空气温度**

空气温度是指空气的冷热程度，简称气温。一般商品在常温或常温以下都比较稳定。高温能够引起商品发生挥发、渗漏、熔化等物理变化及各种化学变化；而低温又容易引起某些商品发生冻结、沉淀等变化；温度忽高忽低会影响商品的稳定性。此外，适宜的温度会给微生物和仓虫的生长繁殖创造有利条件，加速商品腐败变质和虫蛀。

气温的单位用摄氏度（℃）或华氏度（℉）表示，均取到小数点后一位，负值表示零度以下。我国气温记录一般采用摄氏度表示。

6. **空气湿度**

空气湿度是指空气中水汽含量的程度，简称湿度。空气中水汽含量越多，空气湿度越大；空气中水汽含量越少，空气湿度就越小，空气越干燥。

空气湿度的表示方法有绝对湿度、饱和湿度、相对湿度等。

（1）绝对湿度

绝对湿度是指单位体积的空气中实际所含的水汽量。温度对绝对湿度有直接影响。温度越高，水分蒸发越多，绝对湿度越大；反之，温度越低，水分蒸发越少，绝对湿度越小。

（2）饱和湿度

饱和湿度表示在一定的温度下空气所能容纳水汽量的最大限度。

空气的饱和湿度随着空气温度的变化而变化。温度越高，空气中所能容纳的水汽量越多，饱和湿度也越大；反之，温度越低，饱和湿度就越小。

（3）相对湿度

相对湿度表示空气中实际水汽量距离饱和状态的程度，或者说在同一温度下，空气的绝对湿度与饱和湿度的百分比，其计算公式是：相对湿度 = 绝对湿度 / 饱和湿度 ×100%。

想一想

1. 还记得电视台播放天气预报时关于空气温度和空气湿度是如何预报的吗？

2. 生活中什么时候会出现露水？是夏季还是冬季？是早晨还是中午？想一想为什么。

空气湿度对商品的影响是非常明显的。湿度过高会引起或加速金属腐蚀、机器损坏，粮食、水果、纺织物等物品变质或腐烂，电气设备绝缘性能降低等。湿度过低则会导致某些商品发生干裂、脆化或粉化，同样影响商品的质量和使用性能。

7. 卫生条件

卫生条件是保证商品质量的重要条件之一。卫生条件不好，不仅使灰尘、油污、垃圾众多，而且微生物、害虫易于繁殖，导致污染商品，对商品造成损害。因此，在商品储存过程中，一定要搞好储存环境卫生，并保持商品本身的卫生，防止商品之间交叉污染。

第三节　商品养护

一、商品养护的概念

商品养护是指商品在储存过程中所进行的保养和维护。从广义上说，商品从离开生产领域而未进入消费领域之前这段时间的保养与维护工作，都称为商品养护。

仓库中储存着各种各样的商品，它们的特性各不相同，商品养护的基本任务就是面向库存商品，针对库存商品的不同特性，积极创造适宜的储存条件，根据库存商品数量多少、发生质量变化速度、危害程度等，按轻重缓急分别研究制定相应的技术措施，使货物质量不变，保证商品储存安全，最大限度地避免和减少商品损耗，降低保管费用开支，为企业创造经济效益。

想一想

1. 家里的各种电器天天使用，工作很正常，如果长期不使用反而会出现故障，为什么？

2. 夏天家里一般都会买些樟脑块、樟脑球放在衣柜里，这是为什么呢？

3. 生活中哪些物品在什么季节容易发生虫蛀、霉变或腐烂呢？

二、商品的养护技术

1. 防治霉腐的方法

必须根据微生物的生理特性，对商品采取适宜的措施进行霉腐防治。

（1）加强储存商品的管理

1）严格入库验收管理。注意入库商品的包装是否潮湿、含水量是否安全。

2）加强仓库温湿度管理。合理利用通风、吸潮、密封相结合的方法，依据商品特性控制好仓库内温湿度。

3）选择合适的储存场所。库房要干燥、通风，商品要根据含水量分类存放。

4）合理堆码。

5）做好仓库日常的清洁卫生工作。

（2）干燥防霉腐

干燥防霉腐是通过各种措施降低商品的含水量，使其水分含量在安全储存水分之下，抑制霉腐微生物的生命活动。干燥防霉腐有自然干燥法（如干果、干菜、水产海味干制品和某些粉类制品）和人工干燥法（如热风干燥、喷雾干燥、真空干燥、冷冻干燥、远红外干燥和微波干燥等）两种。

（3）低温防霉腐

含水量大的商品尤其是生鲜食品（如鲜肉、鲜鱼、鲜蛋、水果、蔬菜等），多利用低温抑制霉腐微生物繁殖和酶的活性，以达到防霉、防腐的目的。

（4）气相防霉腐

气相防霉腐是利用药剂挥发出来的气体渗透到商品中，杀死霉菌或抑制其生长和繁殖的方法。

（5）气调防霉腐

气调防霉腐是通过调节密封环境（如气调库、商品包装等）中气体的组成部分，降低氧气浓度，来抑制霉腐微生物的生理活动，达到防霉、防腐的目的。

（6）药剂防霉腐

药剂防霉腐是利用化学药剂使霉腐微生物的细胞和新陈代谢活动受到破坏或抑制，进而达到杀菌或者抑菌、防治商品霉腐的目的。

（7）辐射防霉腐

辐射防霉腐是利用射线照射商品的方法来达到防霉、防腐的目的。辐射防霉腐分为三种类型：低剂量（小剂量）辐照、中剂量辐照和大剂量辐照。

2. 防治害虫的方法

（1）化学杀虫法

化学杀虫法是利用化学试剂来防治害虫的方法，主要有熏蒸、触杀和胃毒杀虫三种。

（2）物理杀虫法

物理杀虫法是利用各种物理因素（如热、光、射线等）破坏储存商品上害虫的生理活动和机体结构，使其不能生存或繁殖的方法。物理杀虫法主要有高、低温杀虫法，射线杀虫与射线不育法，远红外线与微波杀虫法，以及充氮降氧杀虫法等。

3. 防治锈蚀的方法

（1）涂油防锈

涂油防锈常用、简便、有效。它是在金属表面涂覆一层油脂薄膜，属于短期的防锈方法。

（2）气相防锈

气相防锈方法较新、使用方便、封存期长、适用范围广。它是利用挥发性气相防锈剂在金属制品周围挥发出缓蚀气体，来阻隔空气中的氧、水分等，以达到防锈的目的。气相防锈主要有防锈纸气相防锈、粉末法气相防锈、溶液法气相防锈等。

（3）可剥性塑料封存

可剥性塑料是以高分子合成树脂为基础原料，加入矿物油、增塑剂、防锈剂、稳定剂以及防腐剂等，加热熔解后制成的。可剥性塑料按其组成和性质的不同可分为热熔型可剥性塑料和溶剂型可剥性塑料两类。

4. 防老化的方法

老化是指某些以高分子化合物为主要成分的商品，如橡胶制品、塑料制品、合成纤维制品等，受日光、热、氧等环境因素作用而失去原有优良性能，以致最后丧失其使用价值的化学变化。

老化有两方面原因：一方面原因是高分子材料本身的内部结构、组成成分、成型加工条件等，这是内因；另一方面原因是外部环境因素如温度、阳光、氧等的影响，这是外因。防老化要从两方面着手：

（1）提高商品本身的抗老化作用，如除去杂质、添加防老化剂（如抗氧剂、热稳定剂、光稳定剂、紫外线吸收剂）等。

（2）控制储存中引起老化的因素，主要是抑制或减少光、热、氧等对商品的影响。

三、储存商品的质量管理

1. 入库前的准备工作

入库前的准备工作包括存储仓位（库房、库区、货架）的定位和编码，搬运器械和人员准备。

2. 商品的入库管理

对商品入库验收进行严格管理，核对单货是否相符、检查包装是否符合要求、检查商品质量是否合格。选择适宜的储存场所进行合理堆码。

3. 商品的在库检查

商品在储存期间要经常进行定期或不定期、定点和不定点的检查，以便及时发现和处理商品发生的质量变化，避免造成大的损失。

4. 温湿度管理

控制与调节仓库温湿度，是商品养护中非常重要的日常性工作，是维护商品质量的重要措施。在商品储存过程中，要根据商品的特性和质量变化规律，合理安排储存场所，科学运用密封、通风、吸湿等方法，正确控制与调节仓库的温湿度，以确保商品质量的安全。

（1）密封

密封就是利用绝热性与防潮性较好的材料，把商品尽可能地严密封闭起来，防止或减弱外界温湿度对商品的影响，以达到安全储存的目的。密封措施是仓库温湿度管理的基础。对库房采用密封措施，就能使库内温湿度处于相对稳定状态；如能根据商品特性，做到合理得当，还能收到防潮、防霉、防热、防冻、防锈、防老化等多方面的效果。

1）目前常用的密封材料有防潮纸、油毡纸、塑料薄膜、稻谷壳等。除上述密封材料外，纤维板、芦席、锯末、干草、河沙等有时也会被用作密封材料。

2）密封形式主要有整库、整室、整垛、整柜、整件密封等。各种密封方法可以单独使用，也可结合使用。

（2）通风

通风就是根据空气自然流动规律，有目的地使仓库内外空气交流，以达到调节库内空气温湿度的目的。利用通风调节库内温湿度是简便易行的有效方法。但是通风时需要满足一定的条件，才能收到预期的效果，否则，可能适得其反。

1）通风方法。通风方法主要有自然通风和机械通风。自然通风是利用库房内外的温差和气压差，开启库房的门、窗、通风口等，使库房内外的空气进行自然交换。机械通风是在库房的上部装设排风扇，库房的下部装设送风扇，利用机械设备来加强库内、外空气的交换。有时还在通风处装置空气过滤设备，以提高空气洁净程度，降低空气湿度。

2）通风注意事项

①尽量利用自然通风，只有当自然通风不能满足要求时，才考虑机械通风。

②利用自然通风降湿时，应避免因通风产生的副作用。

③通风必须与仓库密封相结合。当通风进行到一定的时间，达到通风目的时，应及时关闭门窗和通风孔，使仓库处于相对的密封状态，以保持通风效果。

（3）吸湿（吸潮）或加湿

吸湿是指在梅雨季节或阴雨天，库内湿度过大又不宜通风时，在密封条件下使用机械或吸潮剂等措施来降低库内湿度的方法。

1）吸潮剂吸湿。吸潮剂具有较强的吸湿性，能迅速吸收库内空气中的水分，从而降低相对湿度。吸潮剂有很多种，常用的有生石灰、氯化钙、硅胶等。

2）机械吸湿。

3）气幕隔潮。气幕俗称“风帘”，就是在库门上方安装鼓风设施，使之在门口形成一道气流，由于这道气流有较高压力和流速，在库门处形成一道气墙，可有效阻止库内外空气交换，防止湿气侵入，而不会阻止人与设备出入。气幕还可以起到保持室内温度的隔热作用。

加湿是指在库内相对湿度过低而库外相对湿度也不高时，对于易缩、脆裂的商品应采用喷蒸汽、直接喷水使其自然蒸发等加湿措施，使库内相对湿度增加。

5. 环境卫生管理

储存商品的仓库应经常清扫，保持库内外良好的卫生状况，并在必要时采用药剂消毒杀菌、杀虫灭鼠，以保证储存商品的安全。

6. 商品出库管理

商品出库必须做到单随货行，单货数量当面点清，商品质量当面检验。包装不牢或破损以及标签脱落或不清的，应修复后交付货主。商品出库要贯彻“先进先出、易坏先出、接近失效期先出”的原则。易燃、易爆等商品出库时，应依据公安部门的有关规定办理手续。商品已有变质现象或已过保存期时，不得出库，须分具体情况妥善处理。出库要有严格的手续。

讲一讲

生活中你是如何储存、保养下列常用物品的？

1. 塑料水杯__________________________

2. 皮鞋______________________________

3. 面包蛋糕__________________________

4. 金属制品__________________________

5. 玻璃制品__________________________

6. 全棉衣服__________________________

7. 相片______________________________

8. 各种家用电器______________________

思考与练习

一、填空题

1. 商品包装的作用是__________、__________、__________和__________。

2. 运输包装标志分为__________、__________和危险货物包装标志。

3. 商品储存是指商品在流通的各个环节中，为实现销售目的所出现的__________。它的内容包括储存、__________、__________和维护等活动。

4. 常用的吸潮剂有__________、__________和硅胶等。

5. 防治商品锈蚀的方法常用的有__________、__________和__________封存。

二、判断题

1. 用简单的文字或图形在运输包装外面印制销售包装标志，以便于商品的储存、运输、装卸。(　　)

2. 危险货物包装标志又称危险品标志，是为了对易燃、易爆、易腐、有毒、放射性等危险物品起警示作用，而在运输包装上加印的特殊标记，以文字和图形构成。(　　)

3. 商品养护是指商品在储存过程中所进行的通风、吸湿和密封工作。(　　)

4. 老化是指某些以高分子化合物为主要成分的商品，如橡胶制品、塑料制品、合成纤维制品等，受日光、热、氧等环境因素作用而失去原有优良性能，以

致丧失其使用价值的化学变化。(　　)

5. 商品储存期间，在各种外界影响因素中，空气的温度和湿度是影响商品质量的最主要因素。(　　)

三、简述题

1. 什么叫商品包装?
2. 销售包装标志主要包括哪些内容?
3. 简述商品包装的种类和包装材料的内容。
4. 简述商品储存期间的质量变化。
5. 简述影响商品储存期间质量变化的外界因素。
6. 防治霉腐的方法有哪些?

四、技能训练

1. 实训内容

请同学们到大型商场观察各种商品的摆放陈列和商品包装，收集有关运输和销售包装标志的内容，并做好记录。在条件允许的情况下，听取销售人员的讲解，了解商品储存与养护的有关实例。

2. 实训目的

通过收集资料，让学生多接触商品包装及其包装标志、储存要求等内容，了解商品在库存中的变质情况及处理方法。

3. 实训要求

写出调查报告，并与同学们交流。

第四章 副食品

食品按其在人们生活中的地位和作用，可分为主食品和副食品两大类。通常所说的主食品主要指粮食，包括米、面、杂粮等；副食品一般是指经过精加工的食品。副食品的种类繁多，如肉类、蛋类、奶类、豆类、蔬菜、糖类、罐头、调味品、乳制品、饼干、糕点、饮料、烟、酒、茶叶、冷冻食品和休闲食品、果品等，其营养作用各不相同。本章着重介绍乳制品（以牛乳为例），饮料，卷烟、酒、茶叶，速冻食品和休闲食品等副食品。

学习目标

1. 了解乳的化学成分、乳制品的种类和特点，合理保管乳制品，能够依据乳制品质量指标对乳制品进行简单鉴别。

2. 了解饮料的基本分类和特点。

3. 了解卷烟的主要成分，熟悉国内外名烟的种类，掌握酒的主要类别和品种，了解茶叶的分类方法及各种名茶产地，能够合理储存和确保烟、酒、茶的质量。

4. 了解休闲食品的主要类别及特点，能够运用所学知识合理保管速冻食品。

第一节　乳制品

一、鲜乳的化学成分（以牛乳为例）

1. 水分

牛乳的水分由乳腺细胞分泌，含量通常为 87% 左右，最高可达 90.69%，最低为 80.32%。牛乳中其他成分含量变化时水分含量也会随之而变。

2. 乳脂肪

从乳中分离出来的脂肪称为白脱油或黄油、奶油，含量为 3%～5%。乳及乳制品之所以具有可口的风味和广泛的用途，均与乳脂肪密切相关。

3. 蛋白质

乳中的蛋白质按其存在状态分为溶解蛋白质和悬浮蛋白质两大类。乳中蛋白质含量为 3%～4%，其中干酪素占 2.8% 左右，白蛋白占 0.5% 左右，球蛋白占 0.1% 左右。

4. 乳糖

乳糖是乳汁中特有的成分，在普通的牛乳中，其含量通常为 4%～6%。乳糖属于双糖，分子式和蔗糖相同，但结构式不同。乳糖不溶于水，故甜味不如蔗糖。

5. 矿物质

乳中所含的无机盐类通常为 0.7% 左右，虽然是微量的，但对乳的加工热稳定性十分重要。特别是乳中钙、镁、磷酸和柠檬酸之间的平衡，对乳在常温下和加工过程中的稳定性都有明显的影响。

6. 维生素

牛乳中含有人体所需要的多种维生素，如维生素 A、D、E、K、B_1、B_2、B_{12} 等。除维生素 C 外，大多数维生素热稳定性较高。

7. 酶类

乳中含有各种酶。与乳的质量有关的酶类有过氧化酶、还原酶、淀粉酶、乳糖酶等。

8. 其他物质

乳中还有磷脂、胆固醇、色素、气体、免疫体等，通常占 0.14% 左右。

二、乳制品的种类（见图 4—1）

a）

b）

c）

图 4—1　乳制品的种类（彩色图片可扫描右侧二维码观看）
a）乳粉　b）奶油　c）炼乳

1. 乳粉

乳粉是以新鲜牛乳为原料，经消毒杀菌，在一定真空度下浓缩干燥而成的淡黄色粉状制品，用水冲调后基本上与鲜乳相同。与鲜乳相比，乳粉具有耐储存、易携带、运输方便、使用方便等特点。常见的乳粉品种有以下几类：

（1）全脂乳粉

全脂乳粉是指将新鲜全脂牛乳经预热杀菌、真空浓缩、喷雾干燥、冷却包装而成的乳制品。全脂乳粉可以分为加糖乳粉和不加糖乳粉两种。

（2）脱脂乳粉

把鲜乳中的脂肪分离出去后，再用全脂乳粉的制作方法加工制成的乳制品称为脱脂乳粉。脱脂乳粉分为全脱脂乳粉和半脱脂乳粉。

（3）强化乳粉

强化乳粉是指在鲜乳中或乳粉中添加部分维生素、无机盐及其他营养成分而制成的乳粉。

（4）速溶乳粉

速溶乳粉是指用特殊的加工方法制成的在温度较低（70～80℃）的水中也

能很快溶解的乳制品。

2. 奶油

奶油也称奶酪、黄油、白脱，是由鲜乳中分离出的乳脂肪经成熟、搅拌、压炼所制成的乳制品。它是一种高脂肪食品，发热量高，同时还含有多种维生素。奶油既是西餐配料，又是制造糖果、糕点的原料。

3. 炼乳

炼乳是鲜乳的浓缩制品，是以鲜乳为原料，经杀菌、消毒、蒸发、浓缩、冷却而得到的黏稠状浓乳。炼乳分为甜炼乳（加糖炼乳）和淡炼乳（不加糖炼乳）两种，以甜炼乳销量最大。在原料牛乳中加入 15%～16% 的蔗糖，然后将牛乳的水分加热蒸发，浓缩至原体积的 40% 左右时，即为甜炼乳；浓缩至原体积 50%，不加糖的为淡炼乳。

三、乳及乳制品的感官质量要求

1. 鲜乳

（1）气味和滋味

刚挤出的牛乳中含有糖类和挥发性脂肪酸，因而略带甜味，并有乳的特有香气。

（2）组织状态

鲜乳应均匀，不分层，无沉淀、无凝块、无杂质。

（3）色泽

生鲜乳的色泽应为乳白色或略带微黄色，不得有红色、绿色或其他颜色。

2. 乳粉

（1）气味和滋味

正常的乳粉应具有消毒牛乳的香味，无其他杂味。凡气味中带有苦味、腐败味、发霉味等的乳粉，一律为不合格品。

（2）组织状态

正常乳粉应呈干燥的粉末状，无凝结或团块。

（3）色泽

正常的乳粉应呈浅乳黄色，而且色泽均匀一致。

（4）冲调性

将乳粉倒入 25℃的水中，水面上的乳粉很快湿润并下沉、完全溶解无团块和沉淀者为优品。

3. 奶油

（1）气味

奶油气味芳香纯正。

（2）组织状态

奶油具有一定的稠度和适当的可塑性和延展性，切断面细致均匀且无水珠。

（3）色泽

奶油色泽呈均匀一致的微黄色。

4. 炼乳

（1）气味和滋味

炼乳味甜而纯，无外来的气味和滋味。

（2）组织状态

炼乳状态黏稠度以很易从挂铲上流下为准，质地均匀一致，口尝时感觉不到乳糖结晶存在，不得有气泡存在。

（3）色泽

炼乳整体色泽应均匀一致，白中略带乳脂的色泽。

四、乳及乳制品的保管方法

1. 鲜乳

鲜乳含有病原体，因此必须经消毒后方能出售。一般市场鲜乳均采用低温巴氏消毒法，乳制品加工时则采用高温巴氏消毒法。低温巴氏消毒法是将鲜乳放入专门的巴氏消毒器中，将鲜乳加热至 62～65℃，持续 30 min。高温巴氏消毒法是将鲜乳加热至 75～90℃，持续 15～16 s。消毒后的鲜乳要及时灌装和冷藏，以保持消毒效果。

运送鲜乳时应避免受热。为了保持乳的质量，自鲜乳消毒后至送到消费者手中，时间以不超过 20 h 为宜（其中包括消毒后在冷库中存放的时间）。鲜乳自冷库中取出准备运送前，乳温不宜高于 5℃，温度过低时脂肪容易分离，温度过高鲜乳则容易变酸凝结。

2. 乳粉

由于乳粉在储存过程中极易吸收水分而发生结块串味，乳粉的脂肪含量又较高，易氧化酸败，因此，乳粉必须密封包装。乳粉可采用马口铁罐，以抽真空冲氮密封的方法包装。

3. 奶油

保管奶油的库房内应有制冷设备，保温条件良好，不得与有异味的食品混合存放。奶油的保质期限：4～6℃为7天，−8～0℃为1～6月，−15～−18℃为6～12月，−23℃以下，可较长时间储存。奶油在销售时应注意避光，否则易氧化变质。

4. 炼乳

由于甜炼乳中的高浓度蔗糖有利于防腐，所以如果加工条件符合规定，包装卫生严密，温度在8～10℃，甜炼乳长时间储存也不至于腐坏。

第二节 饮料

一、饮料的概念

国家标准 GB/T 10789—2015《饮料通则》中定义饮料即饮品，是指经过定量包装的，供直接饮用或按一定比例用水冲调或冲泡饮用的，乙醇含量（质量分数）不超过 0.5% 的制品，也可分为饮料浓浆或固体形态。

饮料能给人提供水分，同时不同的饮料还含有不同的营养成分，如糖、酸、乳及各种氨基酸、维生素、无机盐、果蔬汁等，对人体起着不同的作用。

二、饮料的分类

《饮料通则》中将饮料分为下列 11 类：包装饮用水、果蔬汁类及其饮料、蛋白饮料、碳酸饮料（汽水）、特殊用途饮料、风味饮料、茶（类）饮料、咖啡（类）饮料、植物饮料、固体饮料、其他类饮料。饮料还可以分为含酒精饮料、无酒精饮料和其他饮料三类。

1. 含酒精饮料

含酒精饮料是指经过一定的发酵过程，使其中含有一定量的糖分及少量酒精的饮料。

2. 无酒精饮料

无酒精饮料又称清凉饮料、软饮料。目前，市场上销售的此类饮料品种繁多，通常可以分为以下几类（见图 4—2）：

（1）碳酸饮料

碳酸饮料是指人工配制并充二氧化碳气体而制成的饮料，通常称为汽水，其主要原料是水、甜味剂、酸味剂、香精、着色剂和二氧化碳等。汽水习惯上分为果味型汽水、果汁型汽水和可乐型汽水。

a） b）

c） d） e）

图 4—2 无酒精饮料

a）碳酸饮料 b）果蔬汁饮料 c）保健饮料 d）矿泉水饮料 e）固体饮料

知识链接

（1）果味型汽水：添加与某种水果香味相同的香精而制成的汽水。这类汽水营养价值不大，只起到清凉解渴的作用，属于普通汽水，如橘子汽水、柠檬汽水等。

（2）果汁型汽水：采用各种鲜果汁为原料，与蔗糖、柠檬酸等配制而成的汽水。它具有水果特有的色、香、味，营养丰富，如杨梅汽水等。

（3）可乐型汽水：根据可乐的特殊配方而制成的汽水，具有枣红色泽和特有风味，属于浓香型汽水，如可口可乐、百事可乐等。

（2）果蔬汁饮料

果蔬汁饮料的主要原料是果蔬汁，取自新鲜水果和蔬菜，一般可以分为天然果蔬汁、带肉果蔬汁、浓缩果蔬汁几类。天然果蔬汁是指新鲜果蔬经过压榨处理后直接得到的原汁，它不添加任何其他成分。带肉果蔬汁是指含有均匀细致果肉的饮料，它是将新鲜果肉经打浆、磨细等一系列处理后得到的。浓缩果蔬汁是由果实原汁浓缩而成的，一般不加糖或用少量食用糖加以调整，浓缩果蔬汁可浓缩成为原来果蔬汁的 1/7 ~ 1/3。目前生产的果蔬汁以柑橘汁、苹果汁、葡萄汁、菠萝汁、番茄汁和浆果类果蔬汁为主。

（3）保健饮料

保健饮料是一种以增进人体健康为宗旨的饮料。与一般饮料相比，其营养成分有一定的特征，能补充一般食物中短缺的营养素，可以缓解和治疗某些疾病，还能增强人体体质。保健饮料作为保健食品的一部分，在国内外都发展得很快，已成为食品工业中的一个重要分支。保健饮料根据其性质和效用，可以分为强化饮料、疗效滋补饮料、运动饮料和花粉饮料四类。

（4）矿泉水饮料

矿泉水饮料包括天然矿泉水饮料和人工矿泉水饮料。世界卫生组织对矿泉水的定义是：天然矿泉水是来自天然的或人工井的地下水源，并在细菌学上健全的水。这种水与普通饮水的区别有以下几点：含有矿物质或微量元素，保持原有的纯度（即不受任何污染），性质和纯度能保持不变。

（5）固体饮料

固体饮料是由各种原料调配、浓缩、干燥而成，或将各种原料粉碎、混合后呈固体的饮料，需用水冲调后才可饮用。固体饮料一般可按存在状态分类，有粉状固体饮料、粒状固体饮料、块状固体饮料；还可按所用的原料分类，有果汁型固体饮料、果味型固体饮料和蛋奶型固体饮料。我国固体饮料的主要品种有橘子精、菠萝精等。

3. 其他饮料

（1）乳性饮料

牛奶一般不列入饮料类，但以牛奶作原料加入配料可制成乳性饮料，如果汁牛奶、巧克力牛奶等。

（2）冷饮

冷饮是用乳类、蛋类、糖等原料配置、冷冻而成，按其组成成分和组织状态又可分为冰激凌、雪糕、冰棍三类。

（3）乳酸饮料

乳酸饮料是指以牛乳、羊乳等的脱脂乳为原料，杀菌后掺入特定的微生物，如乳酸菌、酵母菌，经混合发酵而制成的具有特殊风味的乳制品。常见的乳酸饮料有酸乳、乳酪等，它的营养价值高于一般饮料。

（4）蛋白饮料

蛋白饮料是用植物蛋白、微生物蛋白制成的饮料，其蛋白含量在 2.5% 以下，如豆乳、果汁豆乳等。

三、饮料的质量鉴别（见表 4—1）

表 4—1　　饮料的质量鉴别

序号	判别内容	判别标准
1	从标签内容判断质量	国家标准 GB 7718—2011《食品安全国家标准　预包装食品标签通则》等法规明文规定了饮料产品标签上应注明的内容，主要包括品名、生产日期、保质期、主要原料辅料和生产厂名、厂址等，这是合格产品必须具备的 （1）检查商标是否注明上述内容，如没有注明，则质量不可靠、不可信 （2）判定该饮料是否在保质期内。国家对各种饮料保质期有明确规定。例如，汽水的保质期为玻璃瓶装和塑料瓶装 3 个月、易拉罐装 6 个月，果蔬汁饮料的保质期为玻璃瓶装 6 个月，植物蛋白饮料的保质期为玻璃瓶装 3 个月、利乐包装 6 个月。如已超出保质期，则质量无保证，不宜购买 （3）判断该饮料是否名副其实。不同饮料商标上注明的内容也应不同。例如，果汁型汽水、果蔬汁饮料应标明果蔬原汁含量；乳饮料应标明非乳固形物含量；植物蛋白饮料应标明蛋白植物固形物含量，如大豆固形物、杏仁固形物等的含量；天然矿泉水则应标明矿化成分表和规定指标。如没有注明具体内容或指标，则该产品内容不可靠
2	从外观判断质量	果味型汽水不应出现絮状物；塑料瓶装与易拉罐汽水手捏不软、不变形；罐装饮料如发现盖上凸起，说明其质量有问题；各种包装饮料倒置时，均不应有渗漏现象
3	从气味判断质量	各种饮料都有其相应的气味，应以气味清香、无异味、无刺鼻感为宜
4	从内容物判断质量	果味饮料应清澈透明、无杂质、不混浊；果汁饮料因加入果汁和乳浊香精，会有混浊感，但应均匀一致、不分层、无沉淀和漂浮物；固体饮料不应有结块、潮解和杂质；果茶类饮料及其他一些饮料，如太黏稠、太鲜红或颜色异常，则质量不佳。果汁饮料的轻微分层属正常现象

第三节 卷烟、酒、茶叶

一、卷烟

1. 卷烟（烟丝）的化学成分

烟草可分为烤烟、晒烟、晾烟三大类。卷烟、雪茄烟、复烤烟叶统称为烟草制品。卷烟是由烟叶加工成烟丝后，经加料加香，用盘纸卷制而成的。烟丝的质量决定了卷烟的等级和质量，它的化学成分和特性代表了卷烟的化学成分及特征。

烟丝的主要化学成分包括糖分、蛋白质、焦油与烟碱（燃烧时产生）、芳香物质、微量矿物质和水分。

（1）糖分

烟丝中的糖分主要是水溶性糖（葡萄糖、果糖、蔗糖、麦芽糖等），它是由烟叶中的淀粉转化而来的，是卷烟吸味的有利成分。烟丝中的糖分在卷烟燃烧过程中，使烟气呈酸性，可以降低烟气的辛辣和苦涩等不良气味，使吸味醇和。另外，糖分的增加使烟丝具有较大的韧性和弹性，从而增强了卷烟填充力和燃烧性。因此，卷烟烟丝中的糖分含量通常随着卷烟的等级质量提高而增加。

（2）蛋白质

烟丝中一般含有 5%～15% 的蛋白质。蛋白质的作用与糖分相反，通常蛋白质燃烧后能使烟气呈碱性，产生烧焦羽毛的臭味和苦味，使咽喉感到不舒服，吸味辛辣而变苦，使烟丝的吸味质量降低。所以，蛋白质含量的增加会造成卷烟质量的下降。

（3）焦油与烟碱（尼古丁）

卷烟燃着后的烟气里含有 0.1～1 μm 的小颗粒物，吸入呼吸器官内即可冷凝集聚。集聚物主要是焦油和烟碱，俗称烟油子，是种褐色物质。焦油中 0.2% 是致癌物质，0.4% 是诱癌物质。烟碱是一种含氮化合物，具有兴奋神经的作用，但对人体有害。如果一次吸入 40 mg 烟碱，则会导致人死亡。

（4）芳香物质

卷烟的芳香气味主要是芳香物质形成的。烟丝中的芳香物质分为两类：一类是由烟叶表面散发出来的香气，即烟叶中具有芳香气味的挥发油所产生的；另一类是在燃烧时产生的香气，主要是树脂加热时变软而散发出的香气。烟丝中芳香物质随烟叶原料的品种、产地、调剂方法等情况不同而有较大的差别。

（5）矿物质

烟丝中的矿物质含量影响其燃烧性。其中，钾盐有助于烟丝的燃烧性；汞、钙、镁妨碍烟丝燃烧；氯会影响卷烟的保火能力，当氯含量达到 2% 时，则会有严重的熄火现象。钾与氯的比值以 4～10 为宜。

（6）水分

卷烟水分正常，则其燃烧性较好，透气适当，烟的芳香气味协调，吸味醇和，劲头适中。若卷烟水分过高，则燃烧慢，易熄火，吸味平淡，生理强度低，易霉变。若卷烟水分过低，则燃烧速度过快，刺激性增强，吸味辛辣，烟丝平缩发脆，易造成空头烟。国标规定：甲级卷烟含水量是（12±0.5）%，乙、丙、丁级卷烟含水量是（12±1）%。

2. 卷烟的分类和等级

（1）卷烟的分类

1）卷烟按外形可分为普通无嘴卷烟和滤嘴卷烟。滤嘴卷烟又有长短、粗细、扁圆的区别。

2）卷烟按原料分类（见表 4—2）。

表 4—2　　卷烟按原料分类

序号	烟型	原料	烟丝颜色	味道
1	烤烟香型	原料以烤烟为主，掺入少量晒烟	烟丝颜色较浅	具有烤烟香气，吸味醇和，劲头适中
2	晒烟香型	原料以晒烟为主，加入少量烤烟	烟丝颜色有深色和浅色两种	具有晒烟特殊气，吸味较重，劲头较大
3	混合香型	原料有烤烟、晒烟、凉烟等多种烟叶	烟丝呈棕红色	具有各种烟的混合香气，味较好，劲头较大
4	外香型	原料为烤烟，加入较多的具有特殊香气的香料	—	具有独特的外加味

续表

序号	烟型	原料	烟丝颜色	味道
5	雪茄型	原料为雪茄型的凉烟，用特殊的盘纸卷制而成	烟丝色泽较深	烟气中具有雪茄型香味

（2）卷烟的等级

烤烟香型卷烟分为甲、乙、丙、丁四个等级，晒烟香型卷烟分为甲、乙两个等级，混合型、外香型、雪茄型卷烟分别为甲、乙、丙三个等级。

二、酒

1. 酒的分类

（1）按酿制方法分类

1）蒸馏酒。蒸馏酒是指把含糖或含淀粉的原料，经糖化、发酵、蒸馏而制成的酒，如我国的白酒，国外的白兰地、威士忌等。其特点是酒精度较高，刺激性强。

2）发酵原酒。发酵原酒也称压榨酒，是指把含糖或淀粉原料经糖化（或不经过糖化）发酵后直接提取或用压榨法制成的酒，如啤酒、葡萄酒、果酒等。其特点是酒精度低，刺激性小，并具有一定营养价值。

3）配制酒。配制酒是指将白酒或酒精与一定比例的糖料、香料、中药等配制而成的酒，如竹叶青、五加皮、虎骨酒等。其特点是酒内含有一定的糖分和固形物，有一定的药用价值。

（2）按酒精含量分类

1）高度酒。酒精度在 40° 以上，如二锅头、白兰地等。

2）中度酒。酒精度在 20°～40°，如低度白酒和配制酒。

3）低度酒。酒精度在 20° 以下，如葡萄酒、果酒、黄酒、啤酒等。

（3）按经营类别分类

酒按商业传统分为白酒、啤酒、黄酒、葡萄酒、果酒、配制酒等。

想一想

请同学们看看图 4—3 至图 4—8，你知道图中的酒都是用什么原料制作的吗？

图 4—3　白酒

图 4—4　啤酒

图 4—5　黄酒

图 4—6　葡萄酒

图 4—7　果酒

图 4—8　配制酒

2. 酒的主要品种

（1）白酒

白酒又称烧酒、白干，是以高粱、玉米等含淀粉较多的粮食或薯类为原料，以酒精为糖化剂，用蒸馏法制成的高度酒，酒精含量一般在 40° 以上。白酒在酒中占有重要地位，其酒液澄清透明，香气宜人、回味悠久。白酒的主要成分是水、酒精以及少量的酯类、高级醇类、醛类等。

1）白酒的类型（见表 4—3）。

表 4—3　白酒的类型

序号	类型	俗称	口味	代表酒
1	清香型	汾香型	酒气清香芬芳，口感醇厚绵软，酒味醇正，余味爽净	以山西汾酒为代表，其他如西凤酒、衡水老白干等
2	浓香型	窖香型	酒气芬芳浓郁，香味协调，回味悠长	以四川五粮液为代表，其他如剑南春、古井贡酒、洋河大曲等
3	酱香型	茅香型	酒气酱香突出，口感回香绵长，酒体醇厚，空杯留香	以贵州茅台酒为代表，其他如郎酒、武陵酒等
4	米香型	—	酒气蜜香轻柔，入口绵甜，回味悠长	以桂林三花酒为代表，其他如全州湘山酒、黑米酒等
5	复香型	兼香型	—	兼有两种以上香型的白酒风格，如董酒、老龙口酒、白沙液等

2）白酒的度数。白酒的度数是以体积百分比表示的，即 20℃时 100 mL 酒液中含酒精的毫升数。如 100 mL 酒液中含有 50 mL 酒精，称为 50 度。

（2）黄酒

黄酒又称米酒，它是以糯米、玉米等含淀粉类粮食为主要原料，经酒药、麦曲糖化、发酵而酿成的低酒精压榨酒，酒精含量一般在 11°～20°。黄酒是中国最古老的一类饮料酒，因其多数品种呈黄色，故名黄酒。黄酒以其酒精度适中、营养丰富、品质优异、风味独特而驰名中外，其主要成分有酒精、水、糖分、糊精、高级醇、氨基酸、维生素等。

黄酒根据酿酒原料、工艺及成品风格的不同可分为江南黄酒、福建黄酒、北方黄酒三大类，如绍兴酒、福建老酒和山东即墨老酒等。黄酒按照糖分不同可分为干型黄酒、半干型黄酒、甜型黄酒、半甜型黄酒和浓甜型黄酒五种。

（3）啤酒

啤酒是以大麦为主要原料，经过糖化、加入酒花，再经过发酵酿制成的原汁酒，是酒类中酒精含量最低的酒，一般为 3.5° 左右。啤酒中含有大量的二氧化碳，同时还含有多种营养成分，如糖类、蛋白质、氨基酸、维生素等，素有“液体面包”之称。

1）啤酒的种类。啤酒可按不同的方式进行分类，具体见表 4—4。

表 4—4 啤酒的种类

分类依据	种类	特点
麦汁浓度	低浓度啤酒	它的麦汁浓度通常只有 6°～8°（以巴林糖度计，下同），酒精含量 2%，较适合夏天饮用，作为清凉饮料，它的稳定性差，必须注意控制保存温度和保存期
	中浓度啤酒	它的麦汁浓度以 10°～12° 为最普遍，酒精含量 3.5%，是啤酒中产量最多的品种
	高浓度啤酒	它的麦汁浓度在 10°～20°，酒精含量在 4%～5%。这种啤酒的稳定性较好，适宜储存和运输
颜色深浅	黄啤酒	又称浅色啤酒，颜色呈浅黄色，口味较清爽，酒花香气较突出，是啤酒中最主要的品种
	黑啤酒	又称深色啤酒，颜色呈咖啡色，富有光泽，使用焦香麦芽作为原料，麦汁浓度较高，发酵度较低，固形物含量较高，口味比较醇厚，有明显的麦芽香

续表

分类依据	种类	特点
杀菌与否	鲜啤酒	也称为生啤酒或扎啤，未杀菌，味道鲜美，营养价值高，桶装或散装，适宜地产地销，但稳定性较差，保存期短
	熟啤酒	生啤酒经过杀菌处理（在 62℃热水中保持 30 min）即为熟啤酒，其稳定性较好，一般可保存 60 天以上，瓶装或罐装的熟啤酒可保存半年以上

2）啤酒的度数。啤酒商标上注明的“度”，不是指酒精含量，而是指糖化后麦芽汁浓度。如 12° 熟啤酒，是用含糖量 12% 的麦芽汁发酵制成的，其酒精含量在 3.5% 左右。

（4）葡萄酒

葡萄酒是以葡萄为原料，经压榨和发酵酿制成的低酒精发酵酒，一般为 7°～24°。葡萄酒具有天然色泽和水果香气，同时具有酒韵醇香。葡萄酒的主要成分有酒精、水、糖类、有机物、无机物、含氮物质、果胶质、维生素等。

葡萄酒的种类很多，一般按下列方法分类：

1）按酒液色泽不同，可分为红葡萄酒和白葡萄酒。红葡萄酒是以红色或紫色葡萄为原料，采用皮肉混合发酵法制成，其含糖量较高，浓度较低，酒味甜美微酸。白葡萄酒是用黄绿色葡萄或红皮白肉的葡萄作为原料，一般采用皮肉分离的方式发酵而成，其含糖量较低，酸度稍高，酒味酸甜适口，醇厚芬芳。

2）按含糖量不同，可分为干葡萄酒（含糖量 4% 以下）和甜葡萄酒（含糖量 4%～14%）。干葡萄酒味酸，清怡爽口；甜葡萄酒有明显的甜味。在国外还有半干葡萄酒、半甜葡萄酒之分。

3）按加工方法不同，可分为原汁葡萄酒、加料葡萄酒、起泡葡萄酒和蒸馏葡萄酒等。

（5）果酒

果酒的酿造方法与葡萄酒基本相同。果酒都以果实名称命名，我国的果酒属于甜酒型，一般为 14°～15°，主要有山楂酒、橘子酒、苹果酒、杨梅酒、海棠酒、草莓酒、梨酒、黑豆蜜酒、桑葚酒等。果酒可按以下方法分类：

1）根据含糖量不同，可分为特甜型果酒、甜型果酒和不甜型果酒。特甜型果酒每升含糖量（以葡萄汁计）大于 300 g，甜型果酒每升含糖量 12～300 g，不甜型果酒每升含糖量 12 g 以下。

2）根据制法不同，可分为起泡型果酒、补养型果酒、香气型果酒等。

（6）配制酒

配制酒是以食用酒精、香精、果汁等配制成的白酒或果酒。

3. 酒的感官鉴定

（1）白酒的感官鉴定

1）色泽。酒液无色清亮、不混浊，摇晃瓶子无任何悬浮物、沉淀物。

2）香气。酒液醇香，芳香扑鼻，饮后回味无穷。

3）滋味。酒液味道醇厚，不苦酸，无怪味，无强烈刺激味。

（2）黄酒的感官鉴定

1）色泽。酒液浅黄，清澈透明，无沉淀物。

2）香气。酒液香气浓烈，无其他杂味。

3）滋味。酒液口感稍甜，没有酸涩味。

（3）啤酒的感官鉴定

1）透明度。酒液透明，没有明显的悬浮物。

2）色泽。由于使用的麦芽种类不同，酒液色泽有深浅之分。黄啤酒色泽较浅，黑啤酒色泽较深。

3）气味与口味。酒液有酒花的香气和麦芽香，并略带爽口的苦味，但不能有明显的酸味。

4）泡沫。啤酒泡沫应丰富、细腻、洁白、持久。

（4）葡萄酒和果酒的感官鉴定

1）色泽。酒液应清亮透明，不混浊，具有天然色泽，如红葡萄酒为粉红色或淡红色，白葡萄酒为淡黄色。

2）香气。酒液有天然的水果香气，不应有其他杂味。

3）滋味。酒液酸甜适口、口感醇厚，甜型酒甜而不腻，干型酒干而不涩，同时均不得有突出的酒香气味。

4. 酒的保管（见表 4—5）

表 4—5 酒的保管

序号	酒名	保管
1	白酒	白酒的包装主要有瓶装和桶装两种，瓶装又分为陶瓷瓶和玻璃瓶。为了确保白酒的质量，要求包装和封口绝对严密，防止跑气漏酒、挥发酒液。储存白酒的温度不得超过 25℃，相对湿度在 70%～80%。仓库门窗要严密，有良好的通风设备，避免阳光直射，并配备必要的消防设施
2	黄酒	黄酒的包装一般采用瓶装和小型陶瓷坛，尤其是后者，有利于酒液老熟、香气提升，切忌用金属物包装，否则酒液感染金属气味后会败坏酒度。由于黄酒酒精度低，营养丰富，极易感染微生物，因此储存黄酒的仓库温度必须低于 25℃，相对湿度控制在 60%～70%，但温度又不能低于 -5℃，温度太低，黄酒容易受冻变质。应经常检查酒液酸度
3	啤酒	啤酒的包装有桶装、瓶装和听装三种，其中瓶装的酒瓶应为棕色或深绿色，以防阳光直射，造成酒液氧化混浊。酒瓶应定期更换，以防爆炸。储存啤酒的仓库温度应保持在 0～12℃，且储存时间不宜过长，温度过高或储存时间过长酒液都会变质
4	葡萄酒和果酒	由于葡萄酒和果酒受阳光紫外线照射后，酒中的色素会产生沉淀，使酒液变色，所以葡萄酒和果酒的包装瓶的颜色多为深绿色、棕绿色及棕色，以防阳光直射。其储存温度也不能过低，温度在 8～20℃为宜，相对湿度在 70%～75% 为宜，温度过高或过低易使酒质变化或冻结，影响其质量。对有混浊沉淀或酒液变色的酒应及时处理

三、茶叶

1. 茶叶的概念和化学成分

茶叶是以茶树的嫩叶或嫩芽为原料经加工制成的干制品，是一种植物性食品，含有丰富的营养成分。

茶叶中大约含有 450 种化学成分，其中主要包括水分、矿物质、茶多酚、咖啡碱、芳香油、色素、碳水化合物、蛋白质、氨基酸、类脂、维生素等。这些成分中茶多酚、咖啡碱和芳香油对茶叶的质量和饮茶的功效影响最大。

2. 茶叶的种类

我国茶叶种类繁多，按加工方法和经营习惯可将茶叶分为绿茶、红茶、乌龙茶、花茶、紧压茶及其他茶。

（1）绿茶

绿茶是我国茶叶产量最大的一种，约占世界绿茶产量的 70%，花色品种之多也居世界之首。

绿茶的品质特点是：没有经过发酵，干茶色绿、味道清香，冲泡后清汤绿叶，鲜醇爽口，浓而不涩，如图 4—9 所示（彩图可扫描右侧二维码观看）。杭州西湖龙井就以“色绿、香郁、味甘、形美”四绝著称。

图 4—9　绿茶

（2）红茶

红茶为发酵茶，即茶叶中的茶多酚在酶的作用下发生了氧化。红茶是我国茶叶产量中较大的一种，其中的工夫红茶以做工精细而闻名。

红茶的品质特点是：干茶色泽乌黑油润，冲泡后红汤红叶，味如甜花香或蜜花香，如图 4—10 所示（彩图可扫描右侧二维码观看）。

图 4—10　红茶

（3）乌龙茶

乌龙茶又称青茶，属于半发酵茶类。

乌龙茶的品质特点是：干茶外形条索粗壮、色泽青灰有光，冲泡后茶汤橙黄

清澈，香味浓郁，如图 4—11 所示（彩图可扫描左侧二维码观看）。乌龙茶中最著名的是闽北“武夷岩茶”，入口微苦后转甜的闽南“安溪铁观音”、广东潮安的“凤凰水仙”也都是乌龙茶中的名品。

图 4—11　乌龙茶

（4）花茶

花茶是我国特有的茶类，属再制品。它是用成品茶做原料，加入鲜花熏制而成。

花茶的品质特点是：香气鲜灵，浓郁清高，滋味浓醇鲜爽，汤色清澈、淡黄、明亮，叶底细嫩、均匀，如图 4—12 所示（彩图可扫描左侧二维码观看）。花茶的品种有很多，产地主要集中在江苏、福建、浙江、安徽等省。花茶都是以鲜花的名称来命名，主要有茉莉花茶、珠兰花茶、玉兰花茶等。

图 4—12　花茶（茉莉花茶）

（5）紧压茶

紧压茶又称黑茶，是用较粗老的鲜叶加工而成，是藏族、蒙古族、维吾尔族等少数民族日常生活的必需品。紧压茶有砖茶、饼茶、圆茶、方茶等。

紧压茶的品质特点是：色泽黑褐油润，汤色橙黄或橙红，香味纯正不苦涩，叶底黄褐粗大，如图 4—13 所示（彩图可扫描右侧二维码观看）。紧压茶的品种主要有湖南的黑茶（每块约重 2 kg）、湖北的老青茶、四川的边茶、滇桂的黑茶等，其中以云南普洱散茶和方茶最为著名。

图 4—13　紧压茶（普洱）

3. 茶叶的特性与保管方法（见表 4—6）

表 4—6　　茶叶的特性与保管方法

茶叶的基本特性	吸湿性：茶叶中的一些成分，如糖类、蛋白质、茶多酚、果胶质等有机成分都是亲水性的，因此能引起茶叶吸潮
	陈化性：茶叶在存放过程中，香气会慢慢消失，色泽变暗、变深，茶味淡薄，这种现象叫作茶叶陈化。陈化会使茶叶的品质不断降低。存期越长，陈化的程度越严重
	吸附异味性：茶叶的多孔性组织和亲水性胶体成分使茶叶具有较强的吸附性，能够吸收其他气味。茶叶如吸收异味，香气和滋味就会大打折扣，严重的会失去饮用价值
茶叶的保管方法	仓库保管：仓库保管适宜长期储存，但应做到以下几点：第一，地势较高且排水容易；第二，仓库门力求严密，与外界有较好的隔绝，仓库周围没有恶劣的气味；第三，仓库内应保持干燥，温度不得超过 30℃，相对湿度在 65% 以下
	零售保管：在零售现场，应把小包装的茶叶放在干燥、清洁和具有一定封闭性条件的容器内，将容器堆放在干燥、无异味的场所，并防止日晒

4. 茶叶的质量鉴别

茶叶的质量鉴别主要有外形鉴别和内在质量鉴别两个方面。

（1）外形鉴别

茶叶的外形鉴别主要从形状、色泽、嫩度和净度四个方面考察。

1）形状。主要看茶叶条索的松紧、曲直、匀称、轻重及芽头的多少，以确定原料的细嫩程度和做工的精细程度。条索细紧的质量好，条索粗大轻飘的质量差。不同类型的茶叶对条索的要求并不完全一样，一般地讲，红茶、绿茶、花茶以条索细紧、圆直、均匀者为好，粗松开口者较差；乌龙茶以条索肥壮、均匀者为好。

2）色泽。看茶叶颜色的深浅、枯润、明暗、有无光泽、有无杂色等。凡色泽油润、光泽明亮者为优，凡色泽浊杂、枯暗无光者为次。

绿茶色泽：以翠绿油润、光滑而起霜者为上品，暗黄、枯黄者为下品。

红茶色泽：以红褐乌黑、油润者为上品，橘红、橘黑、有花青者为下品。

乌龙茶色泽：以乌润者为上品，黄绿、枯黄者为下品。

花茶色泽：以青绿带嫩黄者为优。

3）嫩度。茶叶的嫩度是通过芽尖和白毫的多少来鉴别的。芽尖和白毫多且身骨重实者为好，无芽尖和白毫者为次。

4）净度。茶叶净度是指茶叶中杂质含量的多少。茶叶洁净无杂质者为好，茶片、茶末含量较少者为好。

（2）内在质量鉴别

内在质量鉴别包括汤色、香气、滋味、叶底等内容的鉴别。

1）汤色。看汤色的深浅、明暗、清浊、色泽。

绿茶汤色：以碧绿、清澈、明亮者为优，黄绿欠明亮者次之。

红茶汤色：以红艳明亮者为优，红艳欠明亮者次之，红暗混浊者为差。

乌龙茶汤色：以橙红、清澈、明亮者为优；橙黄欠明亮者次之。

花茶汤色：以淡黄、明亮者为优，欠明亮者次之。

2）香气。茶汤的香气以清高、浓烈、持久者为优，平淡、不持久者为次，低淡、有异味（如青臭烟气味、霉味、酸味、焦味等）者为差。

绿茶香气：以鲜灵浓厚者为优，较浓欠鲜纯正者为次，平淡者为差。

红茶香气：以鲜高浓强持久、蜜香显著者为优，较浓欠鲜纯正者为次，平淡者为差。

乌龙茶香气：以香高浓烈带有兰花香气者为优，欠浓纯正者为次，平淡者为差。

花茶香气：以鲜灵花香盖茶香、茶香衬花香者为优，平淡者为差。

3）滋味。滋味是鉴定茶叶质量的重要指标，滋味与香气密切相关，香气高的滋味也好。

绿茶滋味：以鲜醇浓厚者为优，欠鲜浓纯正者为次，平淡粗涩者为差。

红茶滋味：以鲜醇甘甜、带有蜜糖香者为优，欠鲜浓纯正者为次，平淡、粗涩者为差。

乌龙茶滋味：以甘醇带有兰花香者为优，欠鲜浓纯正者为次，平淡、粗老者为差。

花茶滋味：与绿茶相似，与香气结合评定。

4）叶底。叶底细嫩、明亮、柔软、肥厚、匀齐者为好，粗老、瘦薄、段碎多者为次。

绿茶叶底：以肥壮黄绿嫩亮者为优，黄绿欠润者为差，青暗花杂者为更差。

红茶叶底：以红鲜明亮嫩匀者为优，红明、欠润、欠匀者为差，红暗带有叶多者最差。

乌龙茶叶底：以边红、心绿、柔软、明亮者为优，色暗发乌或带绿色者为差。

找一找

请同学们上网搜索国家标准 GB/T 9833.1—2013《紧压茶 第 1 部分：花砖茶》，了解紧压茶的分类和质量要求。

第四节　速冻食品与休闲食品

一、速冻食品

1. 速冻食品的分类

速冻食品是指采用速冻方法冻结后低温冷藏（冻藏）的食品。目前，市场上的速冻食品大致分为果蔬类、水产品类、肉禽类和速冻方便食品类。

（1）果蔬类

将新鲜果蔬经过加工处理后，快速冻结制成小包装食品，可进行长期储藏。由于速冻果蔬较大程度地保持了新鲜果蔬原有的色泽、风味和维生素，食用方便，因此其国内外市场需求不断增加。

（2）水产品类

水产品的肌肉组织中含有水、脂肪、无机盐、维生素、酶类等，特别是含有丰富的蛋白质以及人体所需的各种氨基酸，因此营养价值极高。但是，由于水产品组织脆弱，含水量较多，在一般条件下容易受到酶和微生物的作用，造成肉体腐败变质，因此速冻方法对于保持水产品质量非常重要。

水产品的速冻方法有送风速冻法、盐水浸渍速冻法和平板速冻法，我国目前绝大多数采用的是送风速冻法。

（3）肉禽类

畜肉及其制品含有丰富的蛋白质、脂肪、糖类、无机盐和维生素，尤其是人体所必需而又不能自己合成的氨基酸等多种营养成分。所以畜肉类食品是营养价值极高的动物性食物。畜肉的速冻方法主要有送风速冻法和液氨速冻法。

禽肉除了含有较丰富的蛋白质外，还含有肌酸和肌酐，使禽肉具有畜肉所没有的特殊香味和鲜味。禽肉肉质柔嫩细腻，味道鲜美可口，容易被人体吸收，具有很高的营养价值。家禽屠宰，经过初步处理后，还要进行胴体的整理，其目的是为防止微生物的侵袭和增加胴体的美观，整理后的胴体应立即进行速冻前的预冷却，使胴体温度由宰后的 40℃左右迅速降至 3～5℃。预冷却多采用送风法，然后将预冷却的胴体放在镀锌的金属盘内进行冷冻。速冻禽肉时，速冻间的温度一般在 -25℃或更低，国外一般在 -40～-35℃。

（4）速冻方便食品

适合速冻的调理方便食品按照原料和加工工艺的不同，可分为点心类食品、切割肉和肉制品类食品、调味配菜类食品等。

点心类食品一般用面粉、稻米、杂粮、豆类等原料制作，需要速冻加工的常为带馅点心，如饺子、春卷、包子、粽子、汤圆、烧卖、馄饨等系列特色品种。

包装的切割肉以历史悠久、技术精湛、品种繁多、形美味佳的各种腌制、酱制肉制品为代表，还有涮羊肉片、速冻鱼圆、火腿肉、酱排骨等。

调味配菜也是因冷冻冷藏技术的发展而发展起来的，速冻配菜有速冻鱼香肉丝、速冻宫保鸡丁、速冻狮子头等。速冻配菜以品种丰富、味美、简单加工便可食用等优点而深受消费者欢迎。

2. 速冻食品的质量要求

速冻食品的质量标准适用于单一或成组食品的速冻加工，并在速冻状态下销售的各种食品。

（1）原料准备

速冻食品的原料应质量优良，符合卫生要求；原料可在能保持其质量的温度和湿度的条件下储藏一段时期；熟食品速冻前应在适合卫生加工要求的冷却设备内尽快冷却，不得保存在高于 10℃和低于 60℃的环境中。

（2）速冻

冷却后的食品应立即速冻，食品在速冻时应以最快的速度通过食品的最大冰晶区（大部分食品是 -5～-1℃），食品冻结终了温度是 -18℃。速冻加工后的食品在运到冷库时，应采取有效的措施使温度保持在最低限度。包装速冻食品应在温度能受控制的环境中进行。

（3）储存

冷藏库的室内温度应保持在 -18℃或更低（视不同的产品而异），温度波动要求控制在 2℃以内。冷藏库的室内温度要定期核查、记录，最好采用自动温度记录仪。冷藏库的室内空气流动速度以使库内得到均匀的温度为宜。冷藏库内产品的堆码不应阻碍空气循环，产品与冷藏库墙、顶棚和地面的间隔不小于

10 cm；冷藏库内储存的产品应实行先进先出制。

（4）运输

运输产品的箱体必须保持 -18℃或更低温度，箱体在装载前必须预冷到 -10℃或更低温度，并装有能在运输中记录产品温度的仪表。产品从冷藏库运出后，运输途中允许温度升到 -15℃，但交货后应尽快降到 -18℃。产品装卸或进出冷藏库要迅速。采用冷藏车运输时，应设有车箱外面能直接观察的温度记录仪，经常检查箱内温度。产品运送到销售地点时，最高温度不得高于 -12℃，销售点无降温设备时，商品应尽快出售。

（5）零售

产品应在低温陈列柜中出售。低温陈列柜上货后要保持 -15℃，柜内应配有温度计。低温陈列柜的产品温度允许短时间升高但不得高于 -12℃。低温陈列柜的敞开放货区不应受日光直射，不得受强烈的人工光线照射，不正对加热器。低温陈列柜内堆放产品不得越出装载线。包装的与不包装的产品应分开存放和陈列。未经速冻的食品不能与速冻食品放在同一低温陈列柜内。低温陈列柜内的产品要按先进先出的原则销售。

（6）包装和标志

包装应按下列要求设计：保护产品的色、香、味，保证产品不受微生物和其他污染，尽可能防止干耗、热辐射和过量热的传入。包装在储存、运输直至最后出售时应保持完好无损。速冻食品的标签应符合国家标准 GB 7718—2011《食品安全国家标准　预包装食品标签通则》的要求。

（7）卫生

速冻食品从加工、储存、运输直至销售应始终保持良好的卫生条件，符合《中华人民共和国食品安全法》的要求。

3. 速冻食品的保管方法

（1）对入库前速冻食品的要求及准备工作

凡进入冷藏库储藏的速冻食品必须清洁、无污染，并经过检验合格。如冷藏库温度为 -18℃，则冻结后食品入库前温度必须在 -15℃以下。

（2）严格掌握库房的温湿度

根据食品的自然属性和所需的温度、湿度选择库房，并力求保持库房温度、湿度稳定，正常情况下库房温度波动不得超过 2℃。

为了减少食品干耗，保持食品原有色泽，对易于包冰衣的食品（如水产品、禽肉等），最好要包冰衣再储藏。

（3）认真掌握储藏安全期限

对速冻食品要认真掌握其储藏安全期限，执行先进先出制度，并定期或不定期检查食品质量。如速冻食品将要超过储存期限或有变质现象，应及时处理。

（4）加强冷藏库的卫生管理

冷藏库通风时所吸入的空气应先过滤，防止空气中微生物的污染，要经常利用臭氧清除库房内的异味。异味主要是由于储藏了具有强烈气味的食品所致，臭氧是一种强氧化剂，浓度高时易燃，使用时应注意安全。此外，还要注意灭鼠。老鼠会破坏冷藏库隔热构造，并有可能污染食品，传播传染病，库房一般可采用机械捕鼠和化学药物灭鼠两种办法消除鼠害。

二、休闲食品

1. 休闲食品的概念

所谓休闲食品，是指那些购买、携带、食用方便，味道鲜美，口味独特，有营养、低热量的即食食品，也就是我们常说的“零食”。

2. 休闲食品的分类

目前，市场上休闲食品种类繁多，按其原料不同可划分为如下几类：

（1）以马铃薯、红薯为原料的食品：如油炸马铃薯片、红薯片等。

（2）以谷类为原料的食品：如饼干、米饼、玉米饼、爆米花、全麦食品、膨化华夫饼干、面包等。

（3）以坚果为原料的食品：如油炸花生米、桂圆、纸袋瓜子等。

（4）以水果为原料的食品：如香蕉片、菠萝片、果冻等。

（5）以肉类为原料的食品：如牛肉干、烤鱼片、肉松、虾条等。

想一想

请看图 4—14 中的几幅图片，它们分别属于哪一类休闲食品。

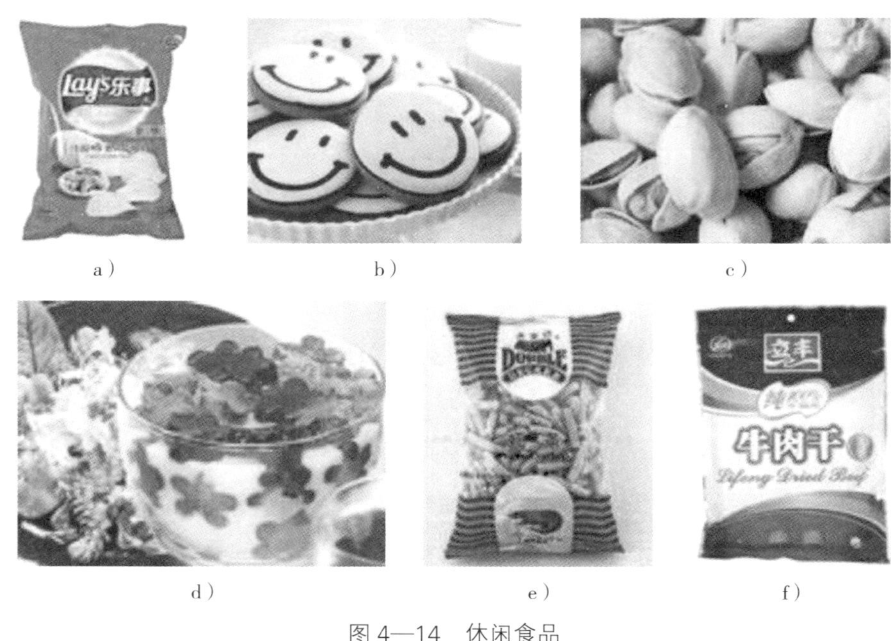

图 4—14　休闲食品

3. 休闲食品的质量标准要求

休闲食品的生产加工应严格执行国家的有关标准，力求新鲜、卫生、无污染、口味纯正、各具特色；在储存、保管环节应确保场所卫生、干燥、通风、无污染；在经营中，以小批量购进、勤进快销、加速周转为原则，确保商品的使用价值。

思考与练习

一、填空题

1. 按酿制方法不同，酒类可分为蒸馏酒、发酵原酒和__________三大类。

2. 白酒的主要成分是__________和水。

3. 乌龙茶属__________发酵茶。

4. 茶叶的主要成分是__________、__________和__________，这些成分决定着茶叶的色、香、味。

5. 白酒的香型有__________、__________、__________、__________和__________。

6. 卷烟的主要化学成分有__________、蛋白质、__________、芳香物质、__________和水。

二、判断题

1. 白兰地是果酒，低度酒。(   )
2. 啤酒的酒度一般在 10° 左右。(   )
3. 茶叶可用纸袋包装并长期储存。(   )
4. 白酒是用发酵法酿制而成的。(   )
5. 40% 体积分数表示 100 mL 酒液中的酒精含量为 40 mL。(   )
6. 白酒的度数和啤酒的度数一样，都表示酒精含量的多少。(   )
7. 酒精度最低的酒饮料是果酒。(   )

三、简述题

1. 速冻食品是如何分类的?
2. 速冻食品在零售时应注意哪些事项?
3. 如何进行乳粉的感官鉴定?
4. 如何鉴别饮料质量?
5. 茶叶的主要成分有哪些? 对人体有何作用?
6. 分别说出红茶、绿茶、乌龙茶的品质特点及代表品种。
7. 如何鉴别茶叶的质量?

四、技能训练

1. 实训内容

将同学们分为若干组，老师将准备好的红茶、绿茶、乌龙茶、花茶、紧压茶分成与组对应的份数后分发给各小组，各小组成员自行采取措施进行鉴别。

2. 实训目的

通过直接接触不同品种的茶叶，加深对各类茶叶品质特点的理解。

3. 实训要求

各小组汇报鉴别结果，并详细说明鉴别时采用的方法及依据。

第五章 日用工业品

日用工业品是指人们日常使用的工业产品，俗称日用百货。其种类繁多，性能各异，用途广泛，主要包括玻璃制品、陶瓷制品、铝制品、不锈钢制品、橡胶制品、塑料制品、纸张、洗涤用品、化妆品、纺织品等。由于日用工业品各类别组成、结构、性质等不同，其质量要求、经营特点、保管条件及使用要求也有很大差别。

学习目标

1. 了解玻璃的成分、类型及性质，了解保温瓶的结构和保温原理，能够运用所学知识保管、养护和合理使用各类玻璃制品。

2. 了解纸张的分类，熟悉纸张的质量指标，能够运用所学知识保管、养护和合理使用纸制品。

3. 了解塑料的概念和成分，掌握塑料的分类和品种，能够运用所学知识识别不同类型的塑料制品，学会合理保管、养护和使用各类塑料制品。

4. 理解洗涤剂的去污原理，熟悉肥皂、合成洗涤剂的基本原料、主要品种及质量要求，能够运用所学知识保管、养护和合理使用各类日用化学品。

第一节　玻璃制品

一、玻璃的成分和原料

玻璃是由二氧化硅和各种金属氧化物按一定比例配合，经过高温熔融、冷却、固化的非结晶无机物。

玻璃的化学成分比较复杂，除了稀有气体，几乎所有元素都能成为玻璃的组成成分，而这些元素大都是以氧化物的形式存在的。二氧化硅是玻璃的主要成分，决定玻璃的主要性质。其他成分的含量对玻璃的形成和性质都会产生不同程度的影响。不同用途、不同性质的玻璃，其成分组成有所不同。为使玻璃具有某些特性，可调整二氧化硅和某些金属氧化物的含量。

制造玻璃的原料按其作用和用量可分为主要原料和辅助原料两大类，见表5—1。

表5—1　制造玻璃的原料

	种类	原料名称	原料作用
制造玻璃的原料	主要原料	硅砂或砂岩	引入二氧化硅的主要原料
		纯碱	引入氧化钠的主要原料
		石灰石	引入氧化钙的主要原料
		白云石	主要引入氧化镁，同时引入氧化钙
		长石	主要引入氧化铝，同时也带入少量钾、钠
	辅助原料	助溶剂	常见的有硼砂、硼酸、萤石、硝酸盐、钡化合物等
		澄清剂	消除玻璃在熔制过程中产生的气泡
		乳浊剂	使玻璃产生乳白色
		脱色剂	消除或减弱原料中铁氧化物所造成的蓝绿色
		着色剂	有离子着色剂和胶体着色剂

二、玻璃的分类和性质

1. 玻璃的分类

玻璃的分类标准很多，它可按化学成分、用途、形状、颜色、成型方法等划分成不同类别。玻璃多以化学成分和用途为标准进行划分，具体分类如图 5—1 所示。

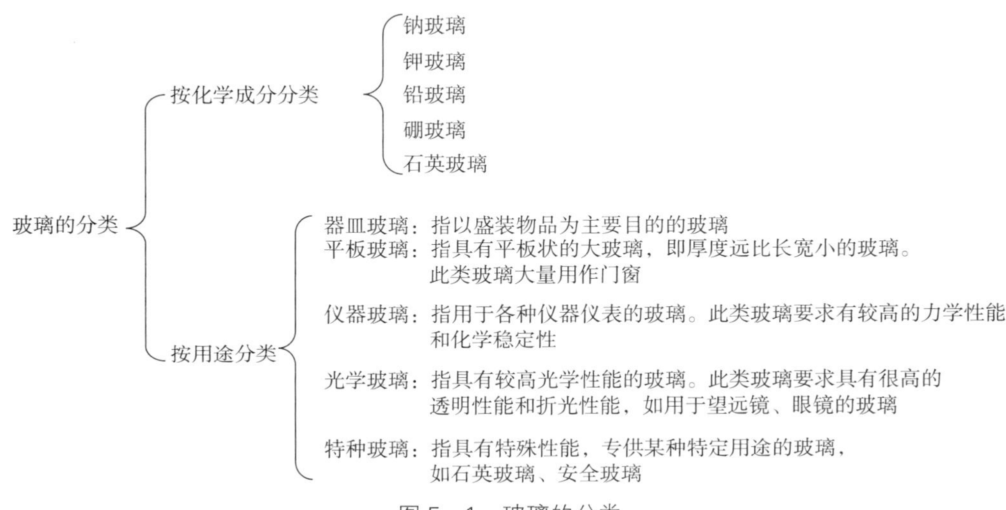

图 5—1　玻璃的分类

讲一讲

同学们有没有使用过与图 5—2 相同或类似的玻璃制品？除了以上物品，你们还见过、使用过哪些其他的玻璃制品？并和大家分享一下你使用玻璃制品的感受。

玻璃水具

玻璃烟灰缸

晶质玻璃酒杯

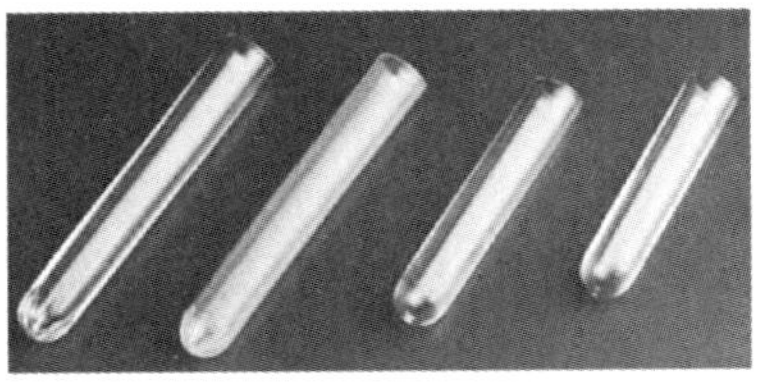

玻璃试管

图 5—2　玻璃制品

2. 玻璃的性质

想一想

1. 为什么冬季使用玻璃杯盛开水时容易炸裂？你遇到过这种情况吗？
2. 在相同条件下，厚的玻璃杯与薄的玻璃杯哪个更容易炸裂？
3. 玻璃可以做放大镜是因为它具有很高的透光性，对吗？
4. 硫酸能用玻璃瓶盛装吗？
5. 你了解玻璃风化吗？玻璃风化与玻璃的什么性质有关？

（1）机械性质

玻璃的机械性质主要有抗张强度、抗压强度、脆性和硬度。

1）抗张强度。普通玻璃的抗张强度较低。提高二氧化硅和钙、钡、铅等氧化物的含量，能增加玻璃的抗张强度。

2）抗压强度。玻璃的抗压强度比抗张强度大 14～15 倍。玻璃的抗压强度与其化学成分有关，同时取决于其结构和生产工艺。

3）脆性。玻璃是典型的脆性体，受到冲击极易破碎，在破碎之前看不出明显变形。

4）硬度。玻璃硬度较大，用普通刀锯不能切割，在摩氏硬度表上相当于 4～8 级。二氧化硅含量高的玻璃，硬度较大；氧化钠、氧化钾含量高的玻璃，硬度较小；含氧化铅的玻璃硬度最小。

（2）热学性质

玻璃的热学性质关系到玻璃制品在使用中经受冷热变化的能力，其中与玻璃制品品质关系较密切的有导热性、热膨胀性和热稳定性。

1）导热性。玻璃是热的不良导体，传递热量的能力只有钢的 1/400。

2）热膨胀性。玻璃受热后，长度和体积会发生膨胀，一般以线膨胀系数或体膨胀系数来表示，体膨胀系数比线膨胀系数大 3 倍。石英玻璃的体膨胀系数最小。

3）热稳定性。热稳定性是指玻璃受急剧温度变化而不会破裂的性能。玻璃的耐急热性比耐急冷性好。

（3）光学性质

1）透明性，即透光性。当光线透过玻璃时，光能会降低。透明性良好的窗用玻璃可以透过约 90% 的光线，反射约 8% 的光线，吸收约 2% 的光线。

增加玻璃所含的二氧化硅、氧化硼等成分可以提高其透明性，增加氧化铁含量则会降低其透明性。相同成分的玻璃，由于厚度不同而吸收光能不同，透明性也有所不同。

2）折光性。玻璃不仅可将光线反射回原来的介质，还可将部分光线折射入另一介质。可以利用玻璃的折光性制造光学仪器和眼镜，并可制造光彩夺目的艺术品和高级日用器皿。玻璃的折光性用折射率表示，增加玻璃成分中氧化铅的含量可提高玻璃的折射率。

（4）化学稳定性

玻璃在使用过程中会受到水和酸、碱等各种化学物质的侵蚀，玻璃对这些侵蚀的抵抗能力，称为玻璃的化学稳定性。

玻璃对酸的抵抗能力很强，一般的无机酸或有机酸不会对玻璃产生强烈的腐蚀作用，只有氢氟酸能使玻璃溶解，对玻璃制品的蚀刻就是利用这一原理。

玻璃对碱的抵抗能力不及对酸的强，但碱液对它只稍有侵蚀。随着碱液浓度、温度的增加和时间的延长，碱对玻璃的腐蚀作用越来越大。

水在常温下对玻璃作用微小，但随着水温的升高和作用时间的延长，其作用会增强。玻璃长时间受潮湿空气中水分和二氧化碳的侵蚀，表面会产生白点、斑点或薄膜，使其透明度降低以至丧失，这种现象称为玻璃风化。

玻璃的化学稳定性受成分影响较大，提高氧化硅、氧化钡、氧化铅的含量可增加其稳定性，若氧化钠等碱性氧化物的含量过多，将会显著降低其稳定性。

三、玻璃器皿的主要品种

玻璃器皿的品种主要有玻璃水杯、玻璃酒杯、玻璃水具、玻璃花瓶、微晶玻璃锅等。

1. 玻璃水杯

玻璃水杯是玻璃器皿中花色最多的一种，有吹制杯、压制杯，普通杯、有盖杯、有把杯，圆底杯、方底杯，喷花杯、贴花杯、印花杯、磨花杯、刻花杯等。

2. 玻璃酒杯

玻璃酒杯有吹制酒杯、压制酒杯，普通酒杯、高脚酒杯、桶形酒杯、束腰酒杯、鼓肚酒杯，白酒杯、色酒杯、啤酒杯、香槟酒杯等。

3. 玻璃水具

玻璃水具是由 1 个口盖冷水瓶、4～6 个玻璃杯、1 个玻璃茶盘组成的成套销售的商品。

4. 玻璃花瓶

玻璃花瓶的品种很多，有吹制彩色花纹花瓶、吹制粘花花瓶、压制花瓶等。

5. 微晶玻璃锅

微晶玻璃锅强度高，耐酸、碱的腐蚀，耐氧化，能经受火焰直接空烧，导热性能近似砂锅，有透明和瓷白两种。

四、玻璃器皿的储存保管

1. 分类存放

玻璃器皿存放场所要求干燥通风，不能与酸碱盐类化学药品及容易返潮的商品同库存放。

2. 防碎、防压

玻璃器皿是典型的易破碎商品，存放和搬运时要特别注意轻拿轻放，严防碰撞、倾斜或倒置，放置时堆码不宜过高。

3. 防水、防潮

玻璃器皿在存储和运输过程中，要注意防水、防潮，存放场所要求干燥通风，仓库内的温度尽量保持适当，防止骤变，相对湿度保持在 85% 以下，最高不超过 90%，因为玻璃器皿受潮后容易出现风化现象。要经常检查，发现包装受潮和玻璃器皿出现霉斑时，要及时处理。

第二节　纸

一、纸的原料

纸是用植物纤维制成的薄片，可以写画、印刷书报、包装等。纸由纸浆制成，纸浆是以某些植物为原料，利用化学方法或机械方法除去其中全部或大部分杂质，得到的纯净或近于纯净的植物纤维。通常，纸的原料可分为木材类、非木材类及其他原料三类。其中在世界造纸业中，用木材造纸的约占 90% 以上。纸的原料分类如图 5—3 所示。

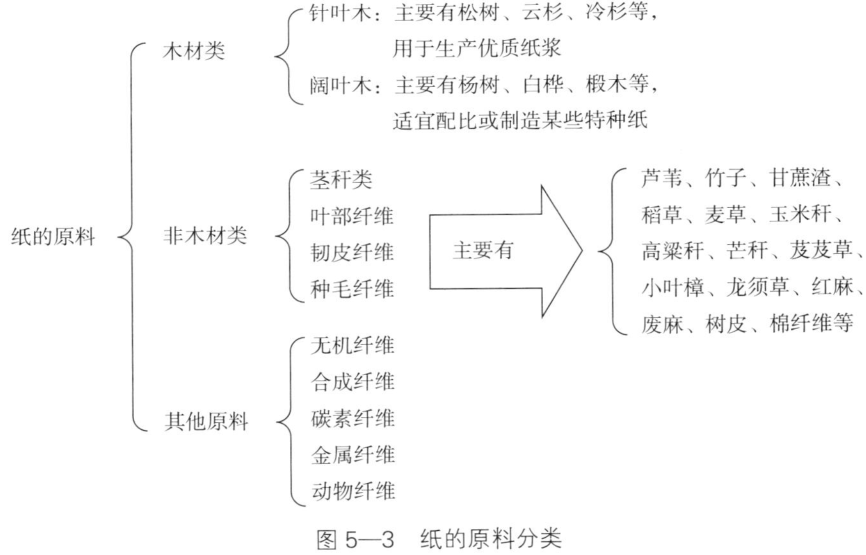

图 5—3　纸的原料分类

从纸浆制成纸张或纸板（见图 5—4）一般需要经过打浆、加填、施胶、显白、净化、筛选等一系列加工工序，然后在造纸机上通过成形、脱水、压榨、干燥、压光、卷取，并抄成纸卷（有的要经过涂料加工或超级压光处理），再经过分切，裁成一定规格的平板纸，或通过复卷、分卷为一定规格的卷筒纸，最后包装入库。

二、纸的质量指标

1. 组成成分

纸的组成成分是决定纸性质和质量的基本因素，主要指标有：

（1）浆料配比

浆料配比即所采用浆料的种类和每种浆所占的比例。纸浆是造纸的基本原料，每种纸浆又各有其特点，因此当采用的纸浆种类和配比数量不同时，对纸的性能有很大影响。

（2）灰分

纸经过完全燃烧后所剩余的不能再燃烧的部分称为灰分。纸中灰分的主要来源是加入的填料，所以通过灰分含量可以了解所加入的填料。灰分含量的多少随着纸的用途而改变，在各种纸的标准中都有具体规定。

（3）水分含量

纸张的水分含量应在一定范围之内。水分含量过低会使纸质变脆，水分含量过高则会降低纸的机械强度，且使纸不易保管。

2. 物理性质

（1）尺寸

纸的尺寸即纸的长度和宽度。

（2）偏斜度

纸的偏斜度是用尺寸误差来表示的。

（3）定量

定量是指单位面积的重量，以每平方米的克数表示。纸的种类和用途不同，对定量的要求也不同。

（4）透气度

透气度是表示纸层中空隙存在的程度，也是测定纸防潮性能的重要指标。

（5）施胶度

施胶度又称耐水度，是指水溶液在纸面上渗透和扩散的程度，是用来评定纸抗水性能的指标。

（6）伸缩性

纸浸水或浸水后风干产生的尺寸变化称为纸的伸缩性。纸伸缩性对印刷过程和印刷品质量影响很严重。在印刷工业中，特别是彩色印刷需要多次套印，它要求纸的伸缩性小。

3. 机械性能

想一想

拿出一张纸，测量其长和宽，记录下来。先横向用力拉，直至拉断；然后再纵向用力拉，直至拉断；反复试几次。你感觉拉断纸时横向和纵向所用的力一样吗？想想为什么。

再量一量纸被拉断后的长度，与预先量的长度比一比，两者是否一致？如果不一致，想想为什么。

（1）抗张力和断裂力

抗张力和断裂力都是用来表示纸断裂强度的指标。

（2）伸长率

当纸被垂直引力拉断后，纸的长度也会发生被拉长的变化，所伸长的长度与原长度相比的百分数称为该纸的伸长率。纸的伸长率是衡量纸张韧性的一项指标，对纸袋纸、包装纸等都是重要的性能指标。

（3）耐折度

耐折度表示纸能够承受折叠的能力，以往复揉折至断裂时所需次数表示。

（4）耐破度

耐破度又称顶力，是指纸所能经受均匀增大的最大压力。

（5）撕裂度

撕裂度是指纸撕裂到一定长度所需的力。纸的撕裂度对卷筒纸印刷是一项重要的机械强度指标。

4. 光学性能

（1）白度

白度是指纸面反射不同波长的光，作用于人眼后产生的综合现象，以“%”表示。习惯上把白度的单位“%”作为“度”的同义语，如称新闻纸白度是50%～54%。

（2）不透明度

不透明度是指纸面对光的投射的抵抗力，或者说纸经印刷后不出现透印印痕的程度，以“%”表示。

（3）光泽度

光泽度是指纸面对光所表现出选择性的反射率，以“%”表示。

5. 外观

（1）平滑度

平滑度是表示纸表面平滑和粗糙程度的指标。

（2）尘埃度

尘埃度是指纸中所含有的与纤维颜色有显著不同的污点。尘埃的多少通常以尘埃度表示。

（3）匀度

匀度是指纤维和填料等在纸中交织、分布均一的程度，常以曲线图定性地表示。

（4）粗糙度

粗糙度即纸面凹凸不平的程度。

三、纸的分类

想一想

纸在日常生活中随处可见，请同学们想一想身边有哪些物品是用纸制作的，这些纸具体属于什么类型。

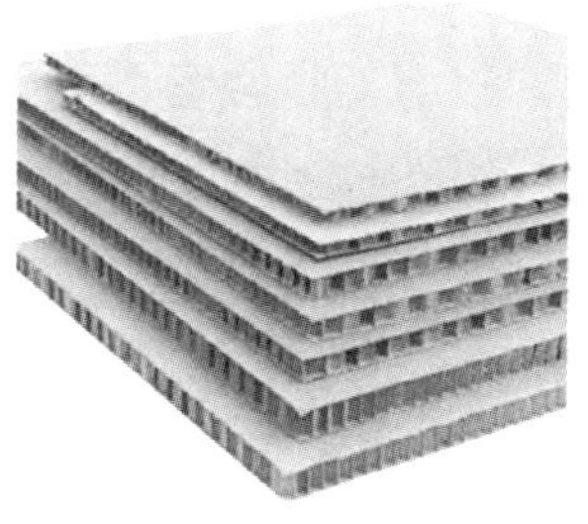
图 5—4　蜂窝纸板

1. 按定量分类

纸按定量分类可以分为纸张和纸板。定量在 250 g/m^2 以下称为纸张，定量在 250 g/m^2 以上称为纸板。一般用定量区别纸张和纸板的厚薄，定量低则薄，定量高则厚。

2. 按用途分类

纸按用途分类可以分为：

（1）印刷用纸

印刷用纸包括新闻纸、凸版纸、凸版涂料纸、胶版纸、胶版涂料纸、单面胶版纸、凹版纸、画报纸、字典纸、书皮纸等。

（2）书写绘画用纸

书写绘画用纸包括书写纸、有光纸、打字纸、拷贝纸、制图纸、描图纸、图画纸、素描纸、木炭画纸、水彩画纸、宣纸等。

（3）宣传用纸

宣传用纸包括有光纸、招贴纸、梅红纸、顶黄纸、标语纸、蜡光纸、皱纹纸等。

（4）生活用纸

生活用纸包括餐巾纸、面巾纸、卫生纸等。

（5）包装用纸

包装用纸包括牛皮纸、包装纸、邮封纸、薄页纸、鸡皮纸、仿羊皮纸、防油纸、柏油纸、糖果包装纸、食品包装纸、玻璃纸、黄板纸、箱板纸、白板纸、瓦楞纸等。

（6）专用纸

专用纸包括证券纸、邮票纸、火车票纸、育苗纸、卷烟纸、过滤纸、壁纸、绝缘纸、照相纸等。

3. 按原料分类

纸按原料分类可以分为木浆纸、棉浆纸、竹浆纸、草浆纸、混配浆纸等。

4. 按色泽分类

纸按色泽分类可以分为本色纸、白色纸和彩色纸等。

5. 按包装分类

纸按包装分类可以分为平板纸和卷筒纸。

四、纸的保管

纸及其制品是一种易破损、易燃、易受潮的商品，运输保管时要特别注意保持包装完好，尽量使用先进的运输装卸工具。装卸运输时勿用铁钩，不得从高处直接抛下，卷筒纸不得在地上滚动。

纸长期存储会发生老化现象，颜色变黄，质地发脆，遇湿受潮会伸缩起皱、生霉变色，所以存储时应防潮、防晒、防热、防火、防虫蛀鼠咬等，并执行先进先出的原则。在保管过程中，要合理地选择储存场地，注意存放的环境，做好清洁、通风、避光、防潮等工作。具体如下：

1. 分类存放

纸存放时不宜堆得太高，并要按品种、规格进行堆放。

2. 防潮

纸具有较强的吸湿性，它对空气湿度非常敏感，含水量随环境温湿度而变化。纸堆放时，应用木板架垫高，与地面间距应大于 25 cm，并且不宜靠墙壁太近，与墙壁间距不小于 40 cm，以防通风不良，受潮后发生霉变，一般存储环境的相对湿度控制在 50%～60%。因此，堆存纸张、纸板的地方必须保持清洁干燥，通风良好，切不可把纸张、纸板堆放在阴湿的地方。此外，对于成件包装的纸张，尽量不要拆包堆放，以防止吸湿变形、变质。

3. 防晒

纸不耐日晒，若经暴晒，纸中的水分容易蒸发而使纸发脆，使用时容易发生破裂现象。经日晒后的白色纸面还容易变黄，有色的纸还会褪色。

4. 防热

纸不耐热。一般纸在温度 38℃以上时，容易起翘变形，其机械性能会显著下降，影响使用，涂料纸还会发生纸与纸相粘连的情况，以致涂层脱落。

5. 防火

纸是易燃物，一旦发生火情，后果不堪设想，因此必须严加防范。

6. 防折、防压

纸在保管和使用过程中，还应注意防折和防压。纸张堆放时，每令之间不得互相交错叠放，以免两头长出部分因受光照发黄变色，以及吸收水分或散失水分引起荷叶边或紧边。纸张开包后不能折叠，以免产生折痕和变形，影响正常使用。平板纸在堆放时，不可重压；卷筒纸也不能重压，更不可竖向置放，以免出现压痕和变形。

第三节 塑料制品

一、塑料的概念和成分

塑料是指以合成树脂为主要成分，在一定温度、压力条件下，塑成一定形状，且在常温下保持形状不变的高分子材料。塑料制品广泛应用于各行各业和人们生活的各个方面，如机械制造、仪器仪表、电子电器、医疗卫生、日用百货、文化娱乐等，如图 5—5 所示。

图 5—5 常见塑料制品

塑料由合成树脂和辅助剂两部分组成。

合成树脂是塑料的主要成分，由化学合成方法制取，质量占塑料的 40%～

100%，它决定着塑料的类型、化学性质和物理、机械性质。

常用的辅助剂主要有增塑剂、稳定剂、润滑剂、抗静电剂、交联剂、填充剂、增强剂、发泡剂、着色剂、防霉剂等。

二、塑料的分类

塑料种类很多，其主要分类如图 5—6 所示。

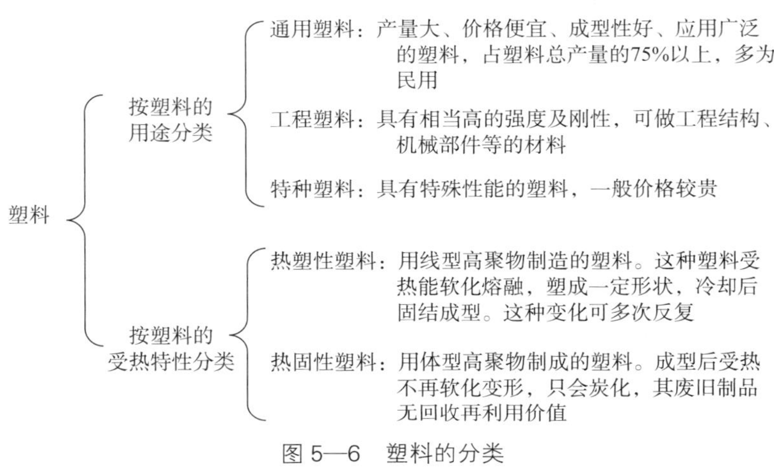

图 5—6　塑料的分类

1. 热塑性塑料的主要品种

（1）聚乙烯塑料

聚乙烯塑料，代号为 PE，是由乙烯经聚合而成的高分子化合物，是生产量最大、应用最广的塑料品种之一。聚乙烯塑料无毒，可作为药品、食品、玩具等的包装材料。聚乙烯按其密度可分为低密度聚乙烯、中密度聚乙烯和高密度聚乙烯。由于聚乙烯的密度、结晶度和分子量的差异，其性能差异也较大。常见的聚乙烯塑料制品有地膜、手提袋、水管、油桶、饮料瓶、日常用品等。

（2）聚氯乙烯塑料

聚氯乙烯塑料，代号为 PVC，以聚氯乙烯树脂为主要成分，加入稳定剂、润滑剂、改性剂、填料、颜料等各种辅助剂，经加工得到所需形状的塑料制品。聚氯乙烯塑料不适宜盛放食品和药品。聚氯乙烯塑料的特点是适用范围广，具有阻燃性，即在火焰上燃烧，离火即熄。

由于聚氯乙烯塑料制品的配方不尽相同，因此其性能差异较大，有的很柔软，有的则强度较高，故适用范围也不同。聚氯乙烯主要用于制作薄膜软制品和各种硬制品。聚氯乙烯软制品有透明和不透明的塑料布，如雨衣、台布、包装薄膜等。聚氯乙烯硬制品有各种板材、管材、管件，目前大量用于建筑装饰条、塑钢窗等，还用于电器绝缘材料、电线的绝缘层。

（3）聚丙烯塑料

聚丙烯塑料，代号为 PP，是由丙烯聚合而成的高分子化合物，现已成为世界上发展速度最快的品种，被认为是最有发展前途的塑料。聚丙烯塑料无味、无毒，密度为 0.90～0.91 g/cm^3，是最轻的日用塑料；容易加工，加工方法有多种；耐热性高，在沸水中不软化、不变形，其使用温度可达 140℃；化学稳定性好；强度、硬度、弹性较好，特别是具有优异的抗弯曲疲劳性，抗冲击强度较差；有一定的透光性和透气性；低温性能稍差，在低温下弹性逐渐消失。总之，聚丙烯塑料制品应用非常广泛，碗、勺、脸盆、电视机外壳等很多产品都是用聚丙烯塑料制作的。

（4）聚苯乙烯塑料

聚苯乙烯塑料，代号为 PS，是由苯乙烯聚合而成的高分子化合物。聚苯乙烯塑料主要用于制作透明或色泽鲜艳的各类制品，如文具、灯具、灯饰、室内外装饰、化妆品容器、果盘、仪表外壳、车灯、光学零件等，还可制成不同密度的泡沫塑料，用作绝热、隔声、防震、漂浮、包装材料和软木代用品等。

（5）聚甲基丙烯酸甲酯塑料

聚甲基丙烯酸甲酯塑料，代号为 PMMA，又称有机玻璃，是由甲基丙烯酸甲酯本体聚合或悬浮法聚合而成的高分子聚合物。它可直接制成片、板及管、棒材料，是透明如玻璃的无色体，相对密度为 1.18 g/cm^3，质轻，不易破碎，耐光，透光率为 91%～92%，摩擦有水果香味。由于它的高度透明性，因此常用来制造光学和照明工具，如航空窗玻璃、仪表盘、汽车灯罩、装饰品等。聚甲基丙烯酸甲酯塑料着色后可制造纽扣、牙刷柄、广告牌等。

（6）ABS 塑料（改性聚苯乙烯）

ABS 塑料为丙烯腈、丁二烯、苯乙烯的共聚物，它具有较高的坚韧性、刚性和化学稳定性，并具有较好的耐热性、耐油性和绝缘性，主要制品有电器部件、旅行箱、安全帽等。ABS 塑料具有良好的电镀性能，其制品可代替金属部件，生产各种美观的电器零件、奖牌、日用品部件、装饰件，其板材可以制作电冰箱的内衬。ABS 塑料在建材行业中应用也极为广泛，主要品种有 ABS 管材、管件、百叶窗、门窗框架等。

（7）聚酰胺塑料

聚酰胺塑料，代号为 PA，又称尼龙，主要品种有尼龙 66、尼龙 610、尼龙 1010、尼龙 11、尼龙 12 等。聚酰胺塑料具有良好的冲击强度和拉伸强度，以及优良的耐磨性，主要用于制作纤维即锦纶，只有部分用于制作工程塑料（如制作管材），也用于制作拉链、刷子、尼龙绳等日用品。

（8）硝酸纤维素塑料

硝酸纤维素塑料，代号为 CN，又称为“赛璐珞”，本身无色透明，着色性能好，可制成色彩鲜艳的玩具、乒乓球、手风琴外壳、眼镜架、三角尺等。其优点是质轻、弹性好，是制造乒乓球最理想的材料；缺点是易燃。

2. 热固性塑料的主要品种

热固性塑料的主要品种见表 5—2。

表 5—2　　热固性塑料的主要品种

名称	酚醛塑料 PF	脲醛塑料 VF	密胺塑料 MF
俗称	电木或胶木塑料	电玉	
原料及制法	以酚（主要是苯酚）和醛（主要是甲醛）经过缩聚反应而制得	由尿素和甲醛反应制成的塑料	以三聚氰胺与醛（主要是甲醛）为原料，经缩聚反应而制得
外观特征	表面硬度高，一般只有黑、棕两色，怕撞、怕压、怕摔	表面硬度高，外观光泽如玉	手感和外观极似瓷器，但其抗冲击强度比瓷器高 3 倍
性质	加入木粉或玻璃布增强的层压材料力学性能好；电气绝缘性能优良，是良好的低压绝缘材料；脆性较大	耐光性好，耐热不易燃烧，无臭、无味、耐油，但不耐酸；着色性好，加入不同色料可以制成不同颜色半透明或不透明的制品，色泽鲜艳美观、持久，半透明者如玉石，不透明者如象牙	强度大，表面硬度高，不易变形，耐热、耐水性都很好，卫生性能也好，无毒、无臭、无味
用途	常用来制造日用电器制品，如插头等	常用来制作日用品和装饰品，如纽扣、发卡、盒子、钟表外壳、电器零件等；还可以制成形同冰花的木屑板、纤维板、胶合板和泡沫塑料。但有一定的毒性，不宜制作食具	常用来制造各种杯盘、碗筷等餐具及烟灰缸等日用品

三、塑料制品的分类

想一想

塑料在日常生活中随处可见，我们用的塑料袋、脸盆、碗盘、衣服拉链、拖鞋、公交车上的座位、自行车的零件等，都有塑料制品。回忆一下，在你身边还有哪些物品是用塑料制作的？与其他材料相比，塑料制品给你的生活带来哪些方便？

塑料制品可按其使用原料及用途进行分类，具体如图 5—7 所示。

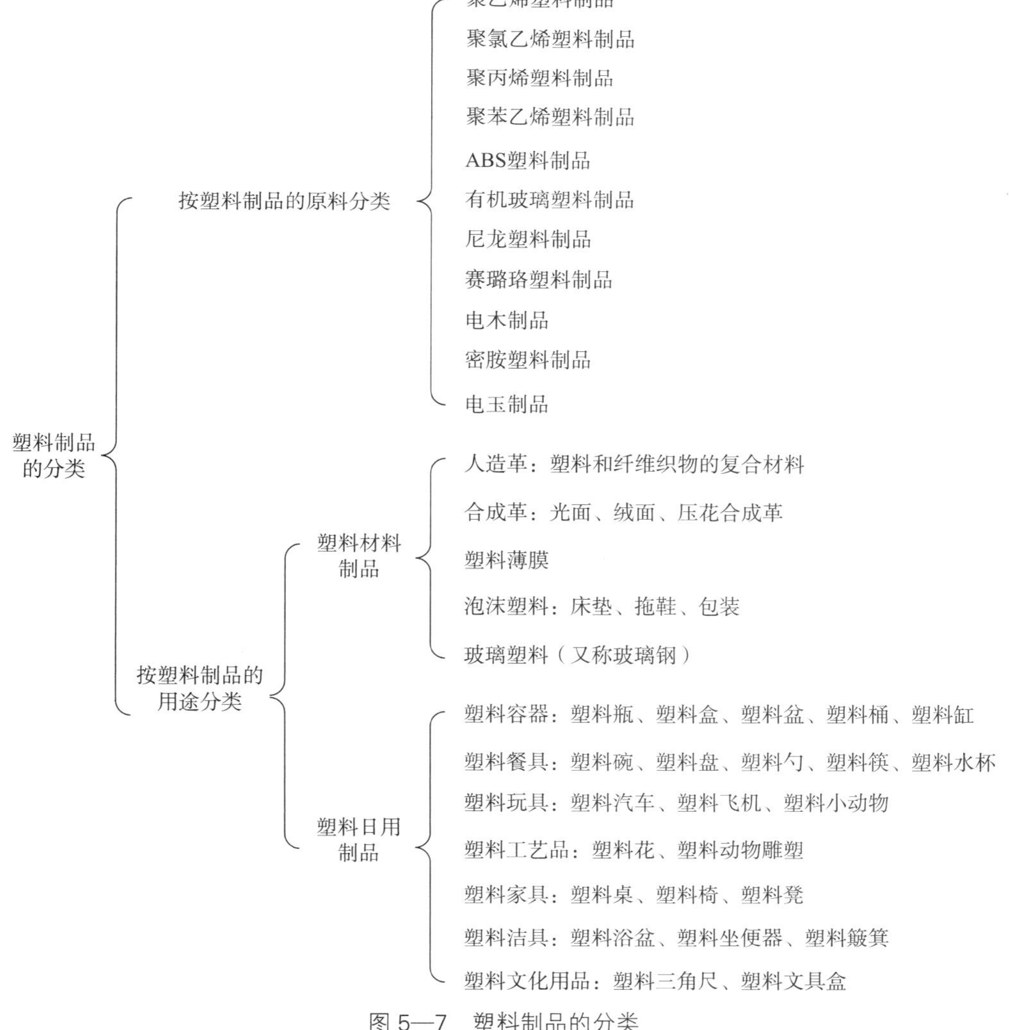

图 5—7　塑料制品的分类

四、塑料制品的挑选及识别

1. 塑料制品的挑选

想一想

拿出你身边的塑料制品，试着评价一下它们的质量如何，选一选哪一件质量最好，并说明原因。

挑选塑料制品时应该从外观性能、理化性能及卫生性能等几个方面入手，日常生活中主要采用看、摸、闻来选择塑料制品，具体方法见表 5—3。

表 5—3　　塑料制品的挑选

挑选方法	优质塑料制品特征	劣质塑料制品特征
看	结构合理、造型美观、花纹清晰、色泽鲜艳通透、色调一致，无影响使用和美观的外观疵点，即无翘曲缺角、无龟裂皱裂，无平光、变色、色调不匀、裂印，规格尺寸合格	结构不合理，颜色过于深暗或色泽不匀，无光泽或光泽灰暗，厚薄不匀，有裂纹、缺角等
摸	手摸表面平滑光亮、厚薄均匀，无厚薄不匀、肿胀；无麻点、杂质点，无气泡、水泡、小孔等，有一定的硬度、强度	手摸表面做工粗糙，有杂质点、气泡，甚至可以明显触摸到凹凸不平的点、块或边角，有的用手触摸有发黏感
闻	无刺激性异味	有难闻刺鼻的异味

2. 常用塑料制品材质的识别

由于塑料的通用性，同一种塑料往往可以制成多种多样的制品；而同一形状、结构的塑料制品，又往往可以用多种塑料来制造。识别和鉴定塑料制品的种类，关系到塑料制品的使用范围和保管方法。

（1）依据商品包装和商品标签识别

一般的塑料制品在包装上或商品标签上都印有制品所用原材料的种类，有些使用中文名称，如聚乙烯、聚丙烯或酚醛树脂等，有些印刷的则是塑料的代号，如 PP、PA、PVC 等。如果塑料制品是用几种原材料混合在一起制成的，包装上印刷的一般是主要的、基本的成分名称。

（2）感官识别

常见塑料的感官识别见表 5—4。

表 5—4　　常见塑料的感官识别

塑料名称	感官特征
聚乙烯塑料	手摸有滑腻感，柔而韧，有延伸性，可弯曲，划后有痕迹；未着色时呈乳白色半透明蜡状；在水中漂浮，无味无臭；在沸水中显著软化；摔后声音低沉
聚丙烯塑料	手摸润滑但无滑腻感，划后无痕迹，可弯曲，不易折断，拉伸强度和刚性好；未着色时呈白色蜡状，半透明；在水中漂浮，无味无臭；在沸水中软化不显著；摔后声音响亮
聚苯乙烯塑料	光滑，性脆，易折断；未着色时如玻璃般透明，无光泽；在水中下沉，无味无臭；敲击时声音发脆如金属声
聚氯乙烯塑料	硬制品的硬度高于低密度聚乙烯，而低于聚丙烯，在曲折处会出现白化现象；软制品柔而韧，手感黏，放入水中能下沉；薄膜制品透明度高，遇冷变硬变脆，有特殊气味；本色为微黄色半透明状，有光泽；透明度胜于聚乙烯、聚丙烯，差于聚苯乙烯，制品视增塑剂和填料而异，有的不透明
ABS 塑料	硬质材料坚韧，质硬，刚性好，不易折断；本色为乳白色或米黄色，非晶态，不透明，无光泽；断面结构紧密，表面易于电镀；在水中下沉，无味无臭；摔后声音清脆
有机玻璃	外观似水晶，透明度高，色彩鲜艳，有韧性；用柔软物摩擦制品表面产生水果香味；敲击时声音发闷
酚醛塑料	表面坚硬，质脆易碎，断面结构松散，为黑色或棕色不透明体，敲击时有木板声
脲醛塑料	表面坚硬，质脆易碎，断面结构紧密，颜色鲜艳，大都为浅色半透明体
密胺塑料	表面光滑，坚韧结实，外观似瓷器，可着各种颜色

（3）燃烧识别

燃烧识别是将塑料试样放在火焰上燃烧，仔细观察其燃烧的难易程度，火焰颜色、气味和冒烟情况，熄灭后塑料的色泽形态等，根据这些特征识别试样类型。常见塑料的燃烧特征见表 5—5。

表 5—5　　常见塑料的燃烧特征

种类	燃烧难易程度	离火后情况	气味	火焰及烟的颜色	燃烧中形状
聚乙烯塑料	易燃	继续燃烧	与石蜡燃烧气味相同	火焰尖部黄色、底部蓝色，烟少	边熔边燃边滴落

续表

种类	燃烧难易程度	离火后情况	气味	火焰及烟的颜色	燃烧中形状
聚丙烯塑料	易燃	继续燃烧	特殊气味	火焰尖部黄色、底部蓝色，有少量黑烟	边熔边燃边滴落
聚氯乙烯塑料	不易燃	离火即灭	特有的刺激性盐酸臭味	火焰尖部黄色、底部绿色	软化
聚苯乙烯塑料	易燃	继续燃烧	特有的苯乙烯臭味	橙黄色火焰，有浓黑烟	软化、起泡
有机玻璃	易燃	继续燃烧	有水果香味	蓝白色火焰，无烟	有响声，无胶质滴落
赛璐珞	易燃	继续燃烧	有樟脑味	黄色火焰	很快燃烧，残灰极少
电木	难燃	熄灭	有木材和苯酚味	黄色火焰	与火焰接触部分碳化开裂
电玉	难燃	熄灭	有甲醛味	火焰尖部绿色、底部黄色	与火焰接触部分发白开裂

五、塑料制品的储存保管

塑料制品一般都具有易燃烧、易老化、易变形的特点。塑料制品在储存保管过程中主要应注意以下几个方面：

1. 分库存放，防止溶剂和化学药品的侵蚀

塑料制品勿与化学药品同库混存，尤其是挥发性有机溶剂，容易侵蚀塑料制品。

2. 防热、防冻、避光

塑料制品应避光存放，并避免暴晒、受热和冷冻。过高或过低的温度都容易加速塑料制品老化，从而使其逐渐失去使用价值。

3. 防裂、防压

塑料制品应轻搬轻放，堆码勿过高。硬质塑料制品多性脆怕碰撞，受到碰撞容易破裂；软质塑料制品长期受到重压容易变形；薄膜制品长期受压易黏结；薄壁或空心制品既怕重压又怕碰撞。

4. 注意卫生，保持干燥

要控制库内温湿度，保持库房干燥和清洁，潮湿和尘埃都容易使塑料制品失去表面光泽。要定期检查，发现问题及时处理。

第四节　日用化学品

日用化学品是指用化学原料制成，用于人们日常保健和清洁卫生的用品，包括肥皂、合成洗涤剂、牙膏、化妆品、鞋油等。

一、肥皂

肥皂是高级脂肪酸与碱起皂化反应生成的高级脂肪酸盐。具体来说，肥皂是以高级脂肪酸钠为主要原料，添加其他辅助原料进行加工而制成的一种具有洗涤功能的日常化学用品。

1. 制造肥皂的基本原料

（1）主要原料

制造肥皂的主要原料是油脂和碱。油脂也叫脂肪酸甘油酯，是制造肥皂的基本原料，包括动物油脂和植物油脂，常温下液体状态为油，固体状态为脂，常用的有牛油、羊油、猪油、鱼油、椰子油、棕榈油、花生油、菜籽油、米糠油、蓖麻油、玉米油等。制造肥皂最常用的碱是氢氧化钠（NaOH），也叫烧碱。

（2）辅助原料

制造肥皂的辅助原料主要有硅酸钠、碳酸钠、香料、色料、药料、抗氧化剂、透明剂、富脂剂（多脂剂）、钙皂分散剂等。

1）硅酸钠——又称泡花碱或水玻璃，它可以软化硬水，增强肥皂的去污力，增加肥皂的光滑度、坚实度，并可以防止肥皂氧化酸败。

2）碳酸钠——具有碱性，有助洗作用，在制皂时作为皂化剂。它可以提高肥皂的硬度，但量过多会造成皂体开裂、粗糙酥软、冒白霜、刺激皮肤等。

3）香料——在肥皂中加入香料，可以使其在洗涤时散发出芳香气味，洗涤后身体和衣物上长时间留有余香。

4）色料——常添加一些色料改善皂体外观。

5）药料——为了保持人体卫生，常常在肥皂中加入一些杀菌剂和消毒剂，使其能较长时间抑制细菌生长，并去除臭味。

6）抗氧化剂——为了防止肥皂变质，需加入一定量的抗氧化剂。

7）透明剂——为了提高肥皂的透明度，抑制肥皂结晶、干裂，需要加入透明剂，它同时还有保护皮肤的作用。

8）富脂剂（多脂剂）——能中和肥皂的碱性，减少肥皂对皮肤的刺激，起到保护皮肤的作用，常用于香皂。

9）钙皂分散剂——可以软化硬水，克服肥皂在硬水中洗涤效果差的缺点。

2. 肥皂的主要品种

肥皂的主要品种有以下几类:

（1）洗衣皂

洗衣皂是大众最熟悉的具有代表性的洗涤用品，主要用于洗涤衣物。洗衣皂常制成块状，一般呈淡黄色。优质洗衣皂的高级脂肪酸钠含量高，质坚耐用，色泽较浅，略有香味。中低级洗衣皂的原料油脂质量较差，干后收缩明显甚至变形，颜色较深，气味不佳。

（2）香皂

香皂是具有芳香气味的肥皂，其质地细腻、纯净，泡沫丰富，色泽鲜艳，主要用于洗手、洗脸，洗澡等。制造香皂要加入香精。香精一般性质温和，对人的皮肤无刺激，使用时香气扑鼻，并能去除肌体的异味。高档香皂具有多种固定的香型，如玫瑰香型、茉莉香型、百合香型、混合香型等。目前，新型香皂具有洗涤、护肤、除臭、治疗等多种功能。

（3）透明皂

透明皂质地透明、光滑，观感好，既可以当香皂用，也可以当洗衣皂用。其溶解度大，泡沫丰富，适合洗涤各种织物。

（4）药皂

药皂也叫抗菌皂，是在肥皂中加入一定量的抗菌剂，对皮肤有消毒、杀菌、防止体臭的作用，多用于洗手、洗澡。

（5）复合皂

复合皂的主要成分为脂肪酸、钙皂分散剂和表面活性剂，具有肥皂和合成洗涤剂的双重优点。它克服了肥皂在硬水中洗涤效果差的缺点，通过阻止肥皂在洗涤时形成不溶性钙，增加肥皂溶解度，从而提高肥皂洗涤效果。

（6）液体皂

液体皂是以钾皂为主体，通过添加钙皂分散剂和表面活性剂而制成。液体皂易溶于水，使用方便，它分为液体洗衣皂、液体沐浴用香皂等。

（7）美容皂

美容皂也称营养皂，一般添加高级香精和营养润肤剂，如牛奶、蜂蜜、人参液、磷脂、珍珠粉、维生素 E、芦荟等，具有清洁和滋养皮肤的作用。

（8）富脂皂

富脂皂也叫过脂皂、润肤皂。富脂皂除含有一般香皂成分外，还含有过脂剂，如羊毛脂及其衍生物、海龟油、矿物油等，洗涤后会在皮肤上保留一层疏水性薄膜，使皮肤柔软，防止干裂。

（9）其他功能肥皂

如凉爽皂内加薄荷；去痱皂内加三连黄、金银花等，可清热解毒；脚气皂可杀死真菌等。

3. 肥皂的质量要求

以洗衣皂、香皂为例，肥皂的质量要求见表 5—6。

表 5—6 肥皂的质量要求（以洗衣皂、香皂为例）

质量指标		要求	
		洗衣皂	香皂
肥皂的外观质量要求	色泽	正常色泽应为淡黄色，色泽均匀一致，无显著斑点和冒霜现象	色泽应鲜艳、均匀一致，不能有变色、褪色、色泽不均、斑点等缺陷
	外观	要求形状端正，表面图案字迹清晰	字迹和图案清晰，不得有歪斜、缺边、字迹模糊等缺陷
	硬度	用手指捏一下皂体表面，如果刚好能显示指印，说明软硬适合，否则就是太软或太硬	用手触摸皂体应有干硬、细腻的感觉，表面均匀，无裂纹、气泡等缺陷
	气味	应有淡淡的香味，不能有强烈的香味，也不能有油脂的腥臭酸败味	香味应定型而持久，无油脂酸败等异味
肥皂的理化指标	总脂肪物含量	总脂肪物含量是指肥皂成分中所含各种脂肪酸化合物的总量与肥皂标准质量的百分比。总脂肪物包括钠皂、未皂化油脂、游离脂肪酸以及其他脂肪性物质，其中，绝大部分为钠皂，所以通常用总脂肪物含量作为评定肥皂等级的基本指标	

续表

<table>
<tr><th colspan="2" rowspan="2">质量指标</th><th colspan="2">要求</th></tr>
<tr><th>洗衣皂</th><th>香皂</th></tr>
<tr><td rowspan="6">肥皂的理化指标</td><td>未皂化物含量</td><td colspan="2">未皂化物含量是总脂肪物含量的辅助指标，表明未皂化油脂及游离脂肪酸等在肥皂中所占的百分比。在洗涤过程中，未皂化物与污垢相同，需要耗费肥皂来清除，在保管过程中，这类物质也容易酸败变质</td></tr>
<tr><td>脂肪酸凝固点</td><td colspan="2">质量好的肥皂，其脂肪酸的凝固点在40℃左右。凝固点过低，肥皂在常温下松软、发黏，易变质，不耐用；凝固点过高，肥皂在常温下在水中溶解度小，不能发挥洗涤功效</td></tr>
<tr><td>脂肪酸碘价</td><td colspan="2">脂肪酸碘价是指每100 g脂肪酸能吸收的碘的克数，用以鉴别钠皂成分的饱和程度。不饱和程度高，则碘价高。不饱和脂肪酸不仅易于氧化分解，还能与香料作用而引起肥皂变味</td></tr>
<tr><td>游离碱百分比</td><td colspan="2">游离碱百分比即肥皂中氢氧化钠的含量百分比。氢氧化钠具有强碱性，刺激皮肤，破坏衣物，应予以严格限制</td></tr>
<tr><td>硅酸钠百分比</td><td colspan="2">硅酸钠是洗衣皂的主要助洗剂，为必不可少的成分。要求硅酸钠含量不少于2%</td></tr>
<tr><td>泡沫量</td><td colspan="2">泡沫量是去污力的间接指标，同时，手洗时泡沫能携污。因此，肥皂要求有一定的泡沫且泡沫持久</td></tr>
</table>

4. 肥皂的保管和使用

（1）肥皂的保管

肥皂的成分不太稳定，容易受到气候及环境的影响而发生质量变化。肥皂在保管中应注意以下几点：

1）注意防潮。肥皂是容易吸潮的产品，受潮后会出现冒汗、糊烂，甚至引起冒油、酸败现象。因此，肥皂在保管中要注意防潮，堆放时要放在离开地面的隔架上，不得靠墙堆放，仓库的相对湿度保持在60%～70%。

2）注意防冻。肥皂在−5℃以下皂体会冻结并使皂体产生裂纹，影响使用。肥皂的保管温度应在0℃以上。

3）注意防压。肥皂皂体较软，受压过大易变形，甚至变成废品而不能销售。因此，肥皂在保管中应根据仓库条件及包装材料确定堆放高度，一般纸箱最高堆16箱，木箱可堆至20箱。

讲一讲

你平时是怎样使用肥皂的？

（2）肥皂的使用

使用肥皂时，要正确认识肥皂的特点，并对所洗涤的服装类型和状况有所了解，这样才能正确选择适合的肥皂。

1）肥皂的水溶液呈碱性，对蛋白质纤维有损伤，使用时应注意只能用来洗涤棉麻及化纤织品，不宜洗涤丝毛织品。

2）肥皂在温水中的去污力最佳。温度过高、过低都会影响肥皂的去污力。

3）使用肥皂洗涤衣物时，可直接在衣物上搓洗，但不能直接浸在水中，这样会使肥皂表面发生糊烂，影响使用，干后皂体又易开裂影响下次使用。

4）肥皂是碱性物质，其脱脂作用强，因此不要过于频繁地使用肥皂，以免将皮肤上的皮脂过多地去掉，造成皮肤干裂、粗糙。要根据不同的皮肤类型选择适当的香皂。洗涤后，应该用水将皮肤上的肥皂洗干净，尽可能减少其在皮肤上的残留。

5. 肥皂易出现的质量问题

（1）洗衣皂易出现的质量问题

1）层裂（开裂或三夹板）。用手轻轻一扭，易裂成三块，对质量无影响，但影响使用。

2）冒白霜。一种情况是冒细颗粒状无机白霜，主要是因为填充的纯碱量高或游离烧碱（NaOH）含量超过 0.3%；另一种情况是冒针状结晶有机霜，这是由低级脂肪酸钠析出的，对洗衣皂品质无影响。

3）酸败。洗衣皂保管不善而产生不良气味，轻微的表面呈黑斑，严重的“冒油”，这些现象即称酸败。

4）冒汗。洗衣皂表面出现水珠，这是肥皂吸湿的结果。当皂体干燥而保管环境比较潮湿，就易出现水珠。冒汗本身不影响质量，但发现后要及时晾干，否则易引起酸败。

5）收缩变形。如果洗衣皂含水量过多，填充物不均匀，则在保管中易随水分蒸发而均匀地收缩，水分丧失会产生剧烈变形。

6）冻裂。洗衣皂受冻后皂体发白，组织破坏，轻微的起白泡，严重的易碎裂。

7）发软。洗衣皂发软的原因：①油脂配方中软油含量过多；②脂肪酸凝固点太低；③水分含量过高；④填充物过多。皂体发软的洗衣皂不耐用，易酸败。

8）色泽不正、气味不好。黄褐色斑点是由酸败引起的；发绿是由于植物油过多，而脱色不当；暗褐色说明深色松香过多，油脂脱臭不好，制出的洗衣皂有明显的原油味。另外，着色剂、香精发生酸败均会产生异味。

（2）香皂易出现的质量问题

1）白芯、气泡。当皂体内部及表层组织粗糙时，将皂体剖开，观察剖面，轻微的有白芯、气泡呈白色颗粒斑点、凹陷，严重时有毛线，更严重的呈白斑状。产生这些现象的原因是皂片干燥过度，皂片过硬，固体添加物、杀菌剂等颗粒太粗。

2）开裂。原因是：含电解质过多，含硬性油脂过多，含高凝固点脂肪酸过多。

3）糊烂。香皂使用后，表面溶解成糊状，是由于香皂中不饱和成分、低级脂肪酸成分过多。糊烂影响香皂的耐用性，因此应保持皂盒干燥。

4）变色。最常见的是皂体表面某一点向周围浸润出黄褐色斑点。这是一种酸败现象，原因主要是温度过高，引发酸败，或着色剂不耐热，香精变色。

二、合成洗涤剂

合成洗涤剂是以合成表面活性剂为主要成分，并配有适量不同作用的助洗剂而制成的一种洗涤用品。合成洗涤剂是含有有机成分和无机成分的混合物，是一种化学配制剂。

1. 合成洗涤剂的组成

合成洗涤剂是以洗涤表面活性剂为主要成分并添加助洗剂和辅助剂的多成分混合物。表面活性剂的种类很多，每一个种类的性能、特点和用途都有差异。一般根据表面活性剂在水溶液中离解出来的表面活性离子的电荷不同来分类：表面活性剂溶于水时，凡能离解成离子的叫作离子型表面活性剂，凡不能离解成离子的叫作非离子型表面活性剂。离子型表面活性剂，按其在水中生成的表面活性离子种类，又可分为阴离子型表面活性剂、阳离子型表面活性剂、两性离子型表面活性剂。用于洗涤衣物的一般为阴离子型表面活性剂和非离子型表面活性剂。

（1）阴离子型表面活性剂

在水溶液中离解出来的阴离子呈表面活性的一类表面活性剂，称为阴离子型表面活性剂。其用量最大，占洗涤用表面活性剂总量的65%～80%，用途最广，适于制造各种类型的洗涤剂，尤其适于制造棉麻型洗涤剂。阴离子型表面活性剂的主要品种有脂肪醇硫酸钠、烷基磺酸钠、烷基苯磺酸钠等。

（2）阳离子型表面活性剂

阳离子型表面活性剂只能在酸性溶液中发挥洗涤作用，因此主要用于制造工业用洗涤剂。例如，纺织品的防水剂、柔软剂、抗静电剂，染料固色剂，金属防腐剂，矿石悬浮剂，沥青乳化剂等。

（3）两性离子型表面活性剂

两性离子型表面活性剂在水溶液中同时带有阴阳两种电荷的表面活性离子。它在碱性溶液中呈阴离子型，在酸性溶液中呈阳离子型，在中性溶液中呈非离子型。其润湿、溶解度、泡沫等都较好，是新型品种，但成本较高。在日用化工、纺织工业、染料、颜料、食品、制药、机械、冶金、洗涤等方面应用日渐扩大。

（4）非离子型表面活性剂

在水中不发生电离，而成电中性的分子状态或胶束状态的一类表面活性剂，称为非离子型表面活性剂。其水溶性呈中性，耐硬水性好，润湿、分散、乳化、增溶、防再沉淀性、去污力都很好，多制成液体洗涤剂。

为了提高和改进合成洗涤剂的综合性能，通常需要加入各种助洗剂和辅助剂，主要有三聚磷酸盐、硅酸钠、纯碱、硫酸钠、抗再沉淀剂、过氧酸盐、荧光增白剂、酶制剂及植物柔顺剂、皮肤保护剂、香料、色素等。

2. 合成洗涤剂的种类

合成洗涤剂的种类很多，主要分类情况如图 5—8 所示。

目前，市场销售的合成洗涤剂主要有合成洗衣粉、液体合成洗衣剂、浆状洗衣剂、块状洗衣剂、发用洗涤剂、厨房用洗涤剂、住宅用洗涤剂等品种。

（1）合成洗衣粉

合成洗衣粉是合成洗涤剂中的主要品种，为空心颗粒状，易溶解，干爽，流动性好，耐保存，不易结块。

1）丝毛洗衣粉。丝毛洗衣粉的表面活性剂为阴离子型和非离子型，助洗剂和辅助剂有硅酸钠、硫酸钠、抗再沉积剂、增白剂、柔软剂等。它适于洗涤丝、毛、混纺等精细织物。

2）加酶洗衣粉。加酶洗衣粉不适合洗涤丝毛织物，最适于洗涤衬衫以及被单、床单等大件棉麻织品，且水温以 45～60℃时洗涤效果最佳。

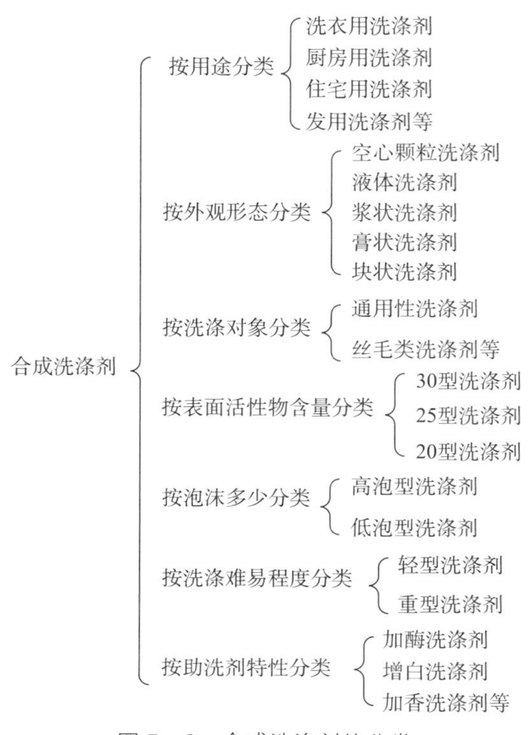

图 5—8 合成洗涤剂的分类

3）低泡洗衣粉。低泡洗衣粉是指表面活性剂为非离子型或加有一定量具有消泡作用物质的皂粉。其特点是泡沫少、消泡快，溶液 pH 值一般在 10～10.2，适合机洗。

4）浓缩洗衣粉。浓缩洗衣粉属低泡型洗衣粉。其特点是用量少，去污力强，泡沫少，易漂洗；溶液 pH 值一般在 10.6 左右，碱性较大，适合机洗。

（2）液体合成洗衣剂

液体合成洗衣剂是合成洗涤剂中的第二大类，使用的表面活性剂是阴离子型和非离子型，用量在 5%～40%。液体合成洗衣剂使用方便，溶解迅速，节约能源，生产消耗少，因此发展较快。

（3）浆状洗衣剂

浆状洗衣剂是一种均匀而黏稠的胶体，洗涤效果与同类洗衣粉相同。由于其组成成分中减少填充剂用量，提高含水量，因此价格便宜。

（4）块状洗涤剂

块状洗涤剂是添加了一定量松香、石蜡、滑石粉等黏合剂的块状制品，外观平滑光亮，色泽洁白或微黄，去污力强，携带方便。

（5）发用洗涤剂

发用洗涤剂主要是指洗发香波，是以能够去除头发屑垢为目的的专用洗涤剂。其性质较柔和，不会过多除去发表皮脂，不刺激头皮。

（6）餐具洗涤剂

餐具洗涤剂指专门用于洗涤碗碟和水果蔬菜的合成洗涤剂，又称为洗洁精，一般为液体洗涤剂，碱性小，泡沫多，使用方便。

（7）住宅用洗涤剂

住宅用洗涤剂是指专门用来清洁门窗、瓷砖、浴盆等硬表面污垢的洗涤剂，有地板清洗剂、塑料橡胶表面清洗剂、家具清洗剂及卫生间清洗剂等。其剂型比较多，主要有液状、粉粒状、气雾状等，其中一部分是浓缩剂，使用时需要稀释。

3. 合成洗涤剂的质量要求

根据加工制造特点及其使用方法提出的要求，合成洗涤剂的质量指标通常包括以下几种：

（1）色泽、气味和外观

合成洗涤剂的色泽、气味和外观在一定程度上反映成品的加工质量和原料质量的优劣。粉状产品要求白净，添加色料的粉应色泽均匀，各种产品应无令人不适的气味。加香产品应符合规定香型。粉状产品的外观应不结团；液体产品不分层，无悬浮物或沉淀；浆状产品的浆粒应均匀，没有结晶和分层。

想一想

同样重量的洗衣粉，为什么有的洗衣粉看上去是满满一包，有的则是很浅的半包？

（2）颗粒度和表观密度（视比重）

颗粒度是反映空心颗粒状洗衣粉的颗粒大小和均匀度的指标。颗粒度的大小直接影响洗衣粉的溶解性。表观密度（视比重）是指单位容积内洗衣粉的质量（g/mL）。

（3）稳定性

稳定性表示洗涤剂在储存过程中因外界条件的影响，其变质情况。

（4）表面活性物含量和不皂化物含量

活性物是合成洗涤剂的主要成分，是确定洗涤剂使用类型的一种尺度，其含量应与要求一致，误差不大于 1%。不皂化物含量即中性油含量，它的含量高低直接影响洗涤剂的洗涤效能，其含量不大于 2%～3%。总体含量则因不同品种而有所不同。

（5）磷酸盐含量

磷酸盐是合成洗涤剂的重要助洗剂，它的含量用五氧化二磷（P_2O_5）的百分含量表示。

（6）pH 值

pH 值表示洗涤剂溶液的酸、碱度，pH 值大小直接影响其用途。

（7）沉淀杂质含量

沉淀杂质含量指洗衣粉中不溶于水的杂质含量，通常不大于 0.1%。

（8）泡沫力

泡沫力指洗涤剂的发泡能力。泡沫力的多少虽然与洗涤剂的去污力没有直接关系，但习惯上仍作为洗涤剂的一项性能指标。

（9）生物降解率

生物降解率指洗涤剂活性物在一定条件下被微生物分解的程度。

（10）抗再沉积性能

抗再沉积性能是洗涤剂防止污垢重新沉积在织物上的一项指标，这与洗涤剂活性物分散力及悬浮性有关，可加入抗再沉积剂加以改善。

4. 合成洗涤剂的保管与使用

（1）合成洗涤剂是怕潮的商品，在保管中要特别注意。保管温度最好不超过 30℃，相对湿度不超过 85%。

（2）合成洗衣粉怕压，空心颗粒产品受压易碎，影响使用；受压也容易造成结块或包装破损而漏粉。

（3）液体洗涤剂怕冻，保管中若温度太低，洗涤剂会结冰，出现液体混浊或包装瓶胀破现象。

（4）液体洗涤剂也怕热，温度过高会加速微生物繁殖，加速变质，也易造成水分挥发，破坏原溶液平衡，导致液体分层或混浊。

想一想

下面几种说法对吗?

（1）洗衣服时洗涤剂放得越多越好。

（2）洗衣服时应将衣服先浸泡，后放入洗涤剂水溶液中清洗，这样洗得比较干净。

（3）洗衣服时泡沫越多越好。

（4）洗衣服时水温越高越好。

（5）洗涤剂没有保质期。

三、化妆品

化妆品指以涂擦、喷洒或其他类似的方法，散布于人体表面任何部位（皮肤、毛发、指甲、口唇等），以达到清洁、消除不良气味、护肤、美容和修饰目的的日用化学工业产品。

1. 化妆品的作用

化妆品已经成为人们日常生活中不可缺少的用品，其作用主要表现在以下几个方面。

（1）清洁作用

化妆品能清除皮肤表面及毛发上的分泌物和沾染的污垢，使之保持健康状态，以促进皮肤的新陈代谢，维持毛发的正常生长。

（2）保护作用

护肤、护发性化妆品都具有比较强的渗透性，容易被皮肤吸收，能保护皮肤、毛发，使皮肤光滑、柔润富有弹性，并能防燥、防裂，使毛发柔顺光泽，蓬松飘逸，防枯、防断并保持发型优美。

（3）营养作用

营养性化妆品除了维系皮肤及毛发的水分平衡外，还能补充易被皮肤和毛发吸收的营养物质，使皮肤细嫩、富有弹性并延缓皮肤衰老。

（4）美化作用

人们利用化妆品的遮盖力、染色力来修饰、美化面部皮肤及人的五官、毛发（包括眉毛、睫毛）和指甲，以保持容貌整洁、精神焕发。

（5）其他作用

一些具有特殊用途的化妆品还具有增白、祛斑、育发、染发、健美减肥、除臭、去痤疮、防晒等作用。

2. 化妆品的种类

化妆品的种类繁多，一般常用的分类方法见表 5—7。

表 5—7　　化妆品的种类

分类方法	类别	作用	品种
按功能分类	清洁类化妆品	用以除去皮肤、毛发上污染物	洗面奶、清洁霜、浴液、清洁面膜、磨砂膏、去死皮膏等
	护理类化妆品	用以保护皮肤及毛发的化妆品，它能在其表面形成薄膜（或脂膜），防止皮肤粗糙干裂，使毛发光泽、易梳理	各种化妆水（露）、乳（蜜）、霜、脂，护发素、发油、发乳等
	营养类化妆品	用以营养皮肤及毛发，可维持皮肤角质层含水量，增进血液循环，清除过剩的氧自由基，延缓皮肤衰老	添加了维生素、水解蛋白、中草药、透明脂酸等生物活性成分的霜、乳、露等
	美容类化妆品	用于美化皮肤及毛发	粉底、遮盖霜、唇膏、胭脂、眼影、眉笔、发胶、摩丝、彩色焗油膏等
	芳香类化妆品	用于散发芳香气味	香水等
	特殊用途类化妆品	介于化妆品和药物之间，用于助长毛发生长，减少脱发、断发，改变毛发颜色，改变毛发弯曲程度，减少、消除体毛，消除腋臭，减轻皮肤表面色素沉着，吸收紫外线，减轻因日晒引起的皮肤损伤	各种生发灵、染发剂、冷烫精、脱毛露、减肥霜等
按使用部位分类	皮肤用化妆品		护肤霜、化妆水
	头发用化妆品		发乳、发胶、发油、冷烫精
	指甲用化妆品		指甲油
	口腔用化妆品		牙膏、牙粉、漱口水
按产品形态分类	液态化妆品		化妆水、各种乳剂和油剂
	固体化妆品		膏类、霜类、粉类、胶冻状、硬膏状、块状、笔状、胶囊状等
按原料来源分类	天然化妆品		多为复配型天然化妆品
	合成化妆品		在市场上绝大多数化妆品为合成化妆品

3. 化妆品的质量要求

（1）化妆品的卫生标准要求

化妆品所用的原料必须保证不对人体造成伤害。对不同类型的化妆品所禁止使用的原料及限定使用的着色剂，我国《化妆品卫生监督条例》都做了详细规定。

（2）化妆品的包装与感官检验

1）包装装潢。化妆品的包装应整洁、美观、封口严密。商标、装饰图案、文字说明应清晰美观、色泽鲜艳、配色协调。

2）使用说明。使用说明要标准、规范，应包括以下内容：组成成分、正确使用方法、安全保养方法、生产日期、保质期、生产标号。特殊用途化妆品还必须有特殊用途化妆品卫生批准文号。进口化妆品应同时使用规范的汉字标注，并应标明进口化妆品卫生许可批准文号。

3）色泽。无色固体状、粉状、膏状、乳状化妆品应洁白有光泽，液体应清澈透明；有色化妆品应色泽均匀无杂色。变质化妆品的颜色晦暗，深浅不一，往往有异色或斑点。

4）组织形态。固体状化妆品应软硬度适宜；粉状化妆品应粉质细腻，无粗粒或硬块；膏状、乳状化妆品应稠度适当，质地细腻，不得有发稀、结块、龟裂干缩和分离出水等现象；液体化妆品应清澈均匀，无颗粒等杂质。

5）气味。化妆品必须具有香气，香味可根据不同的化妆品呈现不同的香型，但必须怡人持久，没有强烈的刺激性。

4. 化妆品的储存保管

（1）化妆品入库

化妆品要分类或单独存放，以防串味；要轻装轻卸，以防玻璃、陶瓷类包装容器破碎。

（2）化妆品在库

储存化妆品的库房要控制好温湿度。温度过高，会引起水分、香气、易挥发成分逸失，及霜膏中油水分离变质；温度过低，又会使含水较多的化妆品变硬、产生粗渣等质量变化，还能引起包装容器冻裂。湿度过高，会使粉质化妆品受潮结块，化妆品所含营养物质生霉变质，以及包装损坏等。因此，应保持库内温度为 0～35℃、相对湿度为 60%～85%。要加强化妆品的在库检查，发现漏气包装，要立即密封，以防香气和水分散发。

（3）化妆品出库

化妆品要注意及时出库销售，遵守先进先出原则。一般化妆品的保质期为一年，较长的不超过两年。

思考与练习

一、填空题

1. 玻璃是由__________和__________按一定比例配合，经过高温溶解、冷却、固化的__________。

2. 塑料按其用途可以分为__________、__________和特种塑料。

3. 纸的原料可分为__________、及__________三类。

4. 塑料是指以__________为主要成分，在一定__________、__________条件下，塑成一定形状，且在常温下保持__________不变的高分子材料。

5. __________塑料，代号为__________，俗称“赛璐珞”，是制造乒乓球最理想的材料，其最大的缺点是__________。

6. 肥皂是__________与__________起__________反应生成的高级脂肪酸盐。

7. 化妆品指以__________、__________或其他类似的方法，散布于人体__________任何部位（皮肤、毛发、指甲、口唇等），以达到__________、消除不良气味、__________、美容和修饰目的的日用化学工业产品。

8. 合成洗涤剂是以__________为主要成分，并配有适量不同作用的__________而制成的一种洗涤用品。

二、判断题

1. 聚丙烯塑料燃烧时有樟脑味，聚乙烯塑料燃烧时与石蜡燃烧的气味相同。（　　）

2. 泡沫塑料可以用来生产床垫、拖鞋，也可以做包装衬垫材料。（　　）

3. 有机玻璃表面坚硬有光泽，透明度高，敲击时声音发脆如金属声。（　　）

4. 聚丙烯塑料制品表面光滑，坚韧结实，外观似瓷器，可着成各种颜色。（　　）

5. 聚氯乙烯塑料难燃，离火即灭。(　　)

6. 玻璃对酸的抵抗能力很强，只有硫酸能使玻璃溶解，对玻璃制品的蚀刻就是利用这一原理。(　　)

7. 在保温瓶瓶胆夹层的玻璃表面镀有一层极薄的银层，成为一个反光体，可以防止热的对流。(　　)

8. 纸经过完全燃烧后所剩余的不能再燃烧的部分称为灰分。(　　)

9. 常用的塑料辅助剂主要有增塑剂、稳定剂、润滑剂、抗静电剂、交联剂、填充剂、增强剂、发泡剂、着色剂、防霉剂等。(　　)

三、简述题

1. 塑料是如何分类的?

2. 塑料制品在储存和使用时应注意哪些问题?

3. 简述纸的分类。

4. 肥皂的主要品种和质量指标有哪些?

5. 洗衣皂易出现哪些质量问题?

四、技能训练

1. 实训内容

请同学们分成若干组，以小组为单位到大型商场观察，收集有关玻璃、纸张、塑料、洗涤用品、化妆品的资料，资料内容包括种类、品牌、名称、主要成分、使用说明、注意事项等，并做好记录。

2. 实训目的

通过收集资料，让学生多接触各类商品，熟悉玻璃、纸张、塑料、洗涤用品、化妆品等的分类、品种特征、使用方法、使用注意事项等。

3. 实训要求

各小组分别写出调查报告，并与其他小组进行交流。

第六章 针纺织品

针纺织品是人们日常生活的必需品，品种繁多，花色万千，可分为纺织品和针织品两大类。

学习目标

1. 掌握纺织纤维的含义、分类，熟悉天然纤维和化学纤维的品种特性，了解各种纺织纤维的鉴别方法。

2. 熟悉针纺织品的种类和主要品种特点，能够运用所学知识初步识别各种类型的针纺织品。

3. 了解织物的主要质量指标，掌握织物正确的洗涤、熨烫、除渍方法。

4. 了解服装的分类和款式，熟悉常用服装材料的品种特点，掌握服装号型的含义和标准，熟悉服装质量的鉴别方法，能够指导顾客选购、使用、保养各类服装。

第一节　纺织纤维

一、纺织纤维的概念

纤维是细而长的（其长度比直径大千百倍以上）并且有一定柔韧性的物质。纤维大量存在于自然界中，动物的毛发、植物的躯干（木质和韧皮）、叶的经络等都是纤维所构成，矿物中也有纤维物质，如石棉等。此外，纤维还可以用化学方法制得。纤维的种类很多，通常把能用来织造织物的纤维称为纺织纤维。

纺织纤维是织造织物的基本原料，其性质直接影响着织物的性能。织物又是服装等服饰商品的制作原料。因此，纺织纤维必须具有一定的长度、细度、弹性、强度等物理性能，同时还应具有较好的化学稳定性和染色性。

二、纺织纤维的分类

通常按纤维的来源，将纺织纤维分为天然纤维和化学纤维两大类。纺织纤维的主要类别如图 6—1 所示。

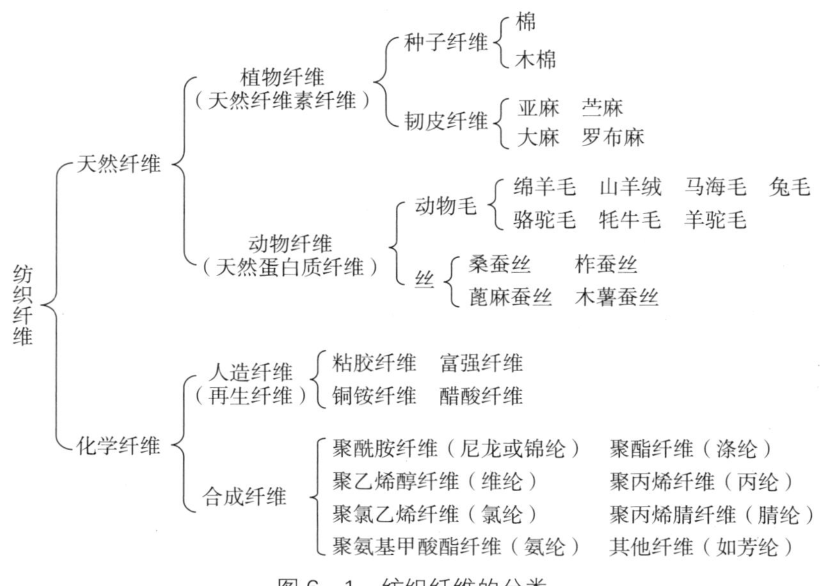

图 6—1　纺织纤维的分类

三、天然纤维的主要品种

想一想

请同学们想一想，图 6—2 中各图分别对应哪些天然纤维？根据你的生活经验，这些天然纤维各自有哪些特点呢？

a） b）

c） d）

图 6—2
a）棉花 b）绵羊 c）蚕茧 d）亚麻

天然纤维是自然界中原有的或经人工培植而获得的纤维，它分为植物纤维和动物纤维两种。植物纤维的主要成分是纤维素，所以又称纤维素纤维。常用的植物纤维有棉纤维和麻纤维。动物纤维的主要成分是蛋白质，所以又称蛋白质纤维。常用的动物纤维有羊毛、蚕丝。

1. 棉纤维

棉纤维是一年生草本植物棉花的种子上覆盖的一种短纤维。

（1）棉纤维的形态结构

纵向呈扁平带状，表面呈天然螺旋形扭曲状。

横向为不规则腰圆形并带有中腔。

棉纤维的这种天然的扁平扭曲形状，是其最鲜明的外观特征，有利于增强纺纱时纤维间的抱合力，提高纺纱成品的质量。棉纤维的中空结构，有利于保持纤维内部空气，增强棉纤维的保暖性。棉纤维的总体形态特征如图 6—3 所示。

（2）棉纤维的特性

1）捻曲性。棉纤维具有天然捻曲性，这是有别于其他纤维的独特性能。棉纤维的天然捻曲越多，成纱强度越大。

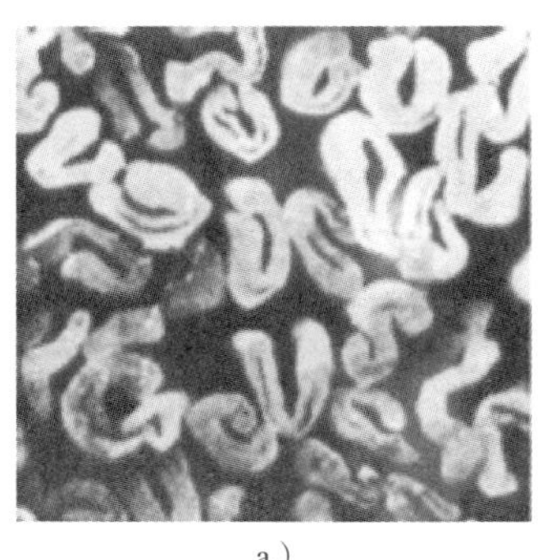

a）

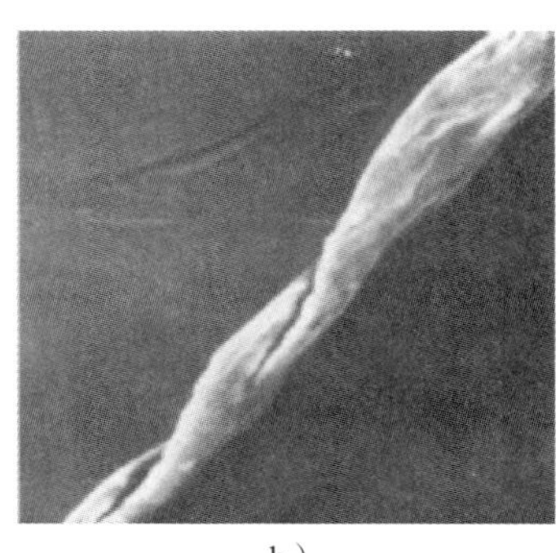

b）

图 6—3 棉纤维的总体形态特征

a）横截面图 b）侧面图

2）吸湿性。棉纤维是一种内有中腔的多孔性物质，其主要成分纤维素中又含有大量亲水基，所以棉纤维的吸湿性很强。

3）保温性。棉纤维的中腔内含有不流动的空气，并且棉纤维是热的不良导体，所以具有良好的保温性。

4）耐酸碱性。棉纤维耐碱性较强，在沸碱水中浸泡，破坏缓慢。棉纤维耐酸性差，遇到硫酸、盐酸等强酸纤维会立即被破坏。

5）耐热性。棉纤维耐热性良好，在 110℃以下不会引起纤维损伤。

6）弹性。由于纤维素纤维变形后不容易回复，故棉纤维的弹性较差。

2. 麻纤维

麻纤维是世界上最早被人类使用的纤维，它被誉为凉爽和高贵的纤维。麻纤维是从麻的茎部、叶子剥取下来的韧皮纤维和叶纤维的总称。纺织用麻主要有苎麻和亚麻两种，苎麻起源于中国，被称为“中国草”。

（1）麻纤维的形态结构

麻纤维多粗细不匀、截面不规则，其纵向有横节纵纹，麻纤维的断面形态如

图 6—4 所示。麻纤维颜色多为象牙色、棕黄和灰色，不易漂白染色，而且具有一定的色差。

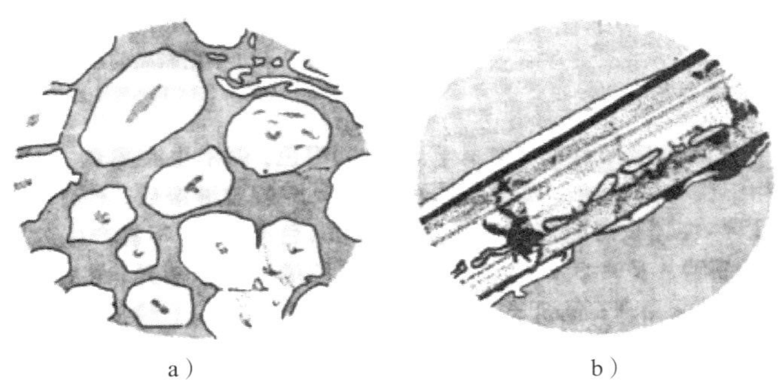

图 6—4　麻纤维的断面形态
a）横截面图　b）侧面图

（2）麻纤维的特性

1）强度。麻纤维的强度在天然纤维中最大，因而麻织品耐穿、耐磨。

2）吸湿性。麻纤维吸湿性好，吸湿迅速，散湿速度快。因此，麻织品具有吸汗快、散汗快、穿着凉爽舒适的特点。

3）伸长率。麻纤维的伸长率在天然纤维中最小，这在一定程度上影响麻纤维的柔韧性和弹性，因此麻织物穿着时有刺痒感。

4）耐酸碱性。麻纤维主要成分为纤维素，和棉纤维一样，耐碱不耐酸。

3. 羊毛

（1）羊毛的种类

羊毛是人类在纺织上最早利用的天然纤维之一，属于天然蛋白质纤维。

羊毛柔软而富有弹性，有天然形成的波浪形卷曲，可用于制造呢绒、绒线、毛毯、毛毡等生活用品和工业用品，其衣料具有手感丰满、保暖性好、穿着舒适等特点。羊毛在纺织上常专指绵羊毛。

绵羊毛按细度和长度分为细羊毛、半细羊毛、长羊毛、杂交种羊毛和粗羊毛五类，具体如图 6—5 所示。

细羊毛的用途以制造高级衣料为主：半细羊毛、长羊毛和杂交种羊毛用途广泛些，除用于制造衣料外，也用于制造地毯、床毯、帷幕，较粗长些的可制地毯、浆粕毛毯、长毛绒等；粗羊毛不宜制作衣料，主要用于制作地毯、粗毯、衬料等。

绵羊毛
- 细羊毛：羊毛直径在25 μm（微米）以下，毛丛长度为5 ~ 12 cm，如美利奴羊毛、新疆改良细羊毛
- 半细羊毛：平均直径为15 ~ 37 μm、长5 ~ 15 cm的同质毛，如英国的南丘羊毛、杜塞特羊毛
- 长羊毛：平均直径大于36 μm，长度15 ~ 30 cm，如林肯羊毛、莱斯特羊毛
- 杂交种羊毛：美利奴细毛羊与长毛种羊的杂交羊的毛，如考力代羊毛、哥伦比亚羊毛、罗姆尼羊毛
- 粗羊毛：毛被中兼有发毛和绒毛的异质毛，大多数土种羊都属于此类，主要用途是制造地毯，也称地毯羊毛

图 6—5　绵羊毛的类型

（2）羊毛的形态结构

羊毛纵向呈近似圆形或椭圆形，在显微镜下可观察到其截面由外到内依次由鳞片层、皮质层、髓质层三层不同的结构组成（髓质层只存在于较粗的羊毛纤维中，细羊毛无髓质层），如图 6—6 所示。

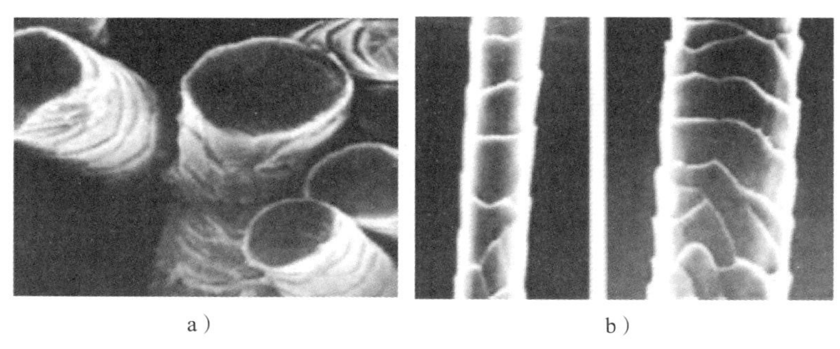

a）　　　　b）

图 6—6　羊毛的形态结构

a）横截面图　b）侧面图

想一想

慧慧的羊毛衫脏了，为了洗干净，她将羊毛衫放入热水中，怕洗不干净，又在浓浓的肥皂水中使劲揉搓，漂洗干净后放入脱水桶脱去水分，并挂在太阳底下晾晒。第二天，羊毛衫干了，慧慧取下来一看，大吃一惊，原本柔软舒服的羊毛衫变得又厚又硬、摸上去手感粗糙像毛毡一样。更让她吃惊的是，羊毛衫短了一截、瘦了一圈。慧慧不知道这是为什么，你知道吗？

（3）羊毛的特性

1）吸湿性。羊毛的吸湿性在天然纤维中最高，当吸湿率达 30% 时，手感

仍无潮湿感。

2）弹性。羊毛具有优良的弹性回复性，服装的保型性好。

3）保暖性。羊毛是热的不良导体（导热系数小），具有较好的保暖性。

4）耐酸碱性。羊毛属蛋白质纤维，耐酸不耐碱，弱酸和低浓度的强酸对羊毛不会构成破坏。

5）耐热性。羊毛耐热性能较差，所以羊毛织品不能干烫，应喷水或垫上湿布后再进行熨烫。羊毛具有可塑性。

6）耐虫蛀性。羊毛不耐虫蛀和霉菌，保存时应该注意通风和防蛀。

7）耐日光性。羊毛耐光性差，织品在日光照射下会发黄，强度、弹性、手感等性能均会显著下降。

4. 蚕丝

蚕丝是成熟蚕结茧时所分泌丝液凝固而成的连续长纤维，也称天然丝。蚕丝是天然蛋白质纤维，其主要成分是蛋白质，是自然界中唯一可供纺织用的天然长丝。

（1）蚕丝的形态结构

蚕丝的横截面为近三角形，纵向有许多异状的颏节，造成外观毛糙，其形态结构如图 6—7 所示。

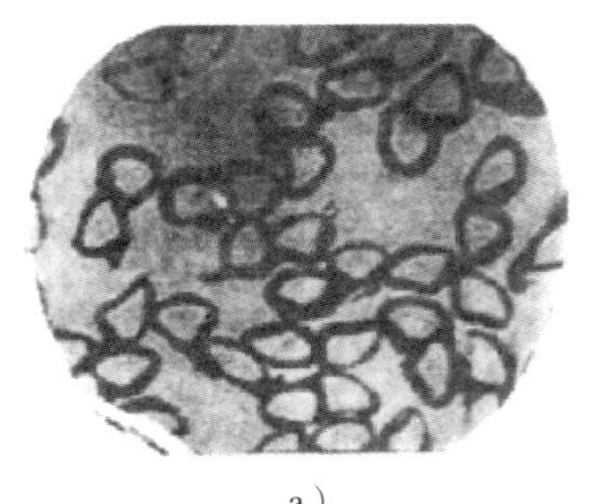

a）

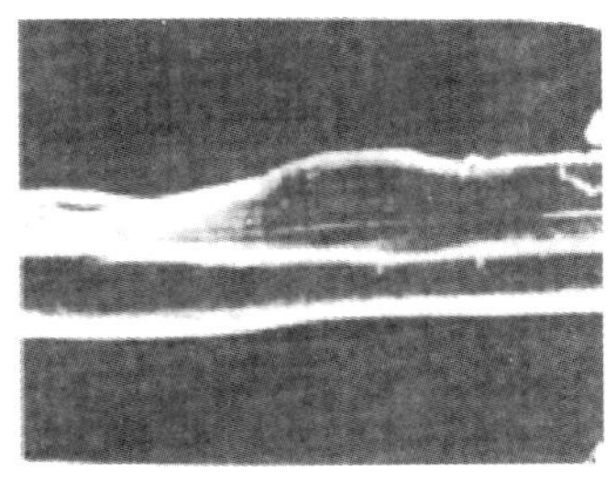

b）

图 6—7　蚕丝的形态结构

a）横截面图　b）侧面图

蚕丝由丝质和丝胶两部分组成，丝胶包覆在丝质周围，对丝质有保护和黏着作用。通常将缫丝后带有丝胶的丝叫生丝，生丝比茧丝更光滑、均匀；而脱胶后的丝叫熟丝或精炼丝，熟丝表面光滑，粗细均匀，少数地方有粗细变化，光泽强而柔和。

（2）蚕丝的化学组成（见表6—1）

表6—1　　蚕丝的化学组成

组成物质	桑蚕丝（%）	柞蚕丝（%）
丝蛋白	70～75	80～85
丝胶	25～30	12～16
蜡质、脂肪	0.75～1.50	0.50～1.30
灰分	0.50～0.80	2.50～3.20

（3）蚕丝的特性

1）强度。蚕丝的强度比毛、棉高，但比麻低。

2）吸湿性。蚕丝的吸湿性比毛、麻低，比棉高，散湿速度快。

3）保温性。蚕丝具有良好的保温性，是冬季较好的服装面料和保暖填充材料。

4）色泽。蚕丝光泽柔和，丝的颜色随蚕的品种不同而不同。

5）耐日光性。蚕丝的耐日光性较差，因此真丝织物在使用过程中应尽量避免在日光下直接晾晒。

6）耐酸碱性。蚕丝的耐酸性好，尤其是耐有机酸的性能更好。但是，蚕丝的耐碱性和耐盐性差。因此，蚕丝织品被汗水浸透后，应及时洗涤，否则会出现黄斑。

7）卫生性。蚕丝具有优良的卫生性能。因为它具有良好的透气性、吸湿性、低静电性，并能吸收和阻挡紫外线，有保护皮肤的作用。

四、化学纤维的主要品种

化学纤维是以天然高分子物或人工合成高分子物为原料，经过化学处理与机械加工而制成的纤维。按所用高分子化合物的来源分类，化学纤维可分为人造纤维和合成纤维两大类。

1. 人造纤维

人造纤维也叫再生纤维，它是以木材、棉短绒、蔗渣、大豆、花生、乳酪等天然的高分子物质为原料，经过化学处理和机械加工而制成的纤维。人造纤维的主要产品有粘胶纤维、富强纤维、铜铵纤维、醋酯纤维、大豆纤维等，其中粘胶纤维在人造纤维中产量最大。

粘胶纤维从形态上分有短纤维和长丝两种，粘胶纤维短纤维称为人造棉，长丝称为人造丝。粘胶纤维具有良好的吸湿性、染色性，质地柔软透气，但弹性差、湿强度低、缩水率大，可与各种纤维进行混纺。

2. 合成纤维

合成纤维是以石油、煤、天然气等为原料，先制得低分子化合物，经人工合成为高分子化合物后，再经过机械加工而制得的纤维。具体包括以下主要类型。

（1）涤纶（聚酯纤维）

涤纶又称“达克纶”“特丽纶”，是合成纤维中综合性能最好、产量最大的品种。涤纶有涤纶长丝、涤纶低弹丝、涤纶短纤维等多种。

涤纶的特性如下：

1）涤纶强度高，耐磨性好，其织品的耐磨性仅次于锦纶。

2）涤纶的抗皱性超过所有纤维，所以其织品保型性好。

3）涤纶吸湿性差，所以不易吸水，也不缩水，且易洗快干。

4）涤纶的耐热性能优良，在 100℃下，加热 2 天，强度几乎无损失；在 170℃下，短时加热所引起的强度损失可以恢复。其织品能经高温定型，并能长期保持原型。

5）涤纶的化学稳定性良好，在常温下对一般浓度的酸、碱的作用都很稳定，但不耐浓酸和热碱。

6）涤纶是理想的纺织材料，棉型、毛型、中长型涤纶纤维及其长丝均可形成涤纶纯纺织品，也可与棉、羊毛、粘胶纤维、蚕丝混纺或交织，形成大量的混纺及交织品，如棉涤纶、毛涤纶等。

（2）锦纶（聚酰胺纤维）

锦纶又称“尼龙”，是最早问世的合成纤维品种，常用的品种有锦纶 6（常称“卡普龙”）和锦纶 66。

锦纶的特性如下：

1）锦纶的强度和耐磨性是纺织纤维中最高的，有“强力大王”之称，尤其适合制造对强度和耐磨性要求高的袜子、轮胎帘子线、绳索等商品。

2）锦纶的弹性大，但易变形。

3）锦纶的吸湿性差，所以织品在夏季穿着时闷热、不舒服。

4）锦纶的耐热性差，耐酸碱性较好。

5）锦纶耐日光性很差，所以织品不宜在阳光下长期暴晒。

（3）腈纶（聚丙烯腈纤维）

腈纶又称“开司米纶”。由于腈纶纤维弹性好、蓬松、卷曲、性质近似羊毛，因而有“合成羊毛”之称。其产量约占合成纤维总产量的 20%。

腈纶的特性如下：

1）腈纶的强度次于涤纶和锦纶，耐磨性不如其他合成纤维，但高于羊毛和棉花，所以织品比纯羊毛织品结实耐用。

2）腈纶具有良好的保暖性，蓬松柔软，与羊毛相似。

3）腈纶的耐光性与耐气候性很好，最适宜做室外织物，如窗帘、帐篷等。

4）腈纶的吸湿性低，易产生静电，易起毛起球。

5）腈纶的染色性好，颜色鲜艳。

6）腈纶以短纤维为主，可纯纺或与羊毛及其他化纤混纺，用以织制毛型织品。粗纤度腈纶可加工成毛毯、人造毛皮、绒线等。

（4）维纶（聚乙烯醇纤维）

维纶又称“维尼龙”。由于维纶的特性极似天然棉，因此素有“合成棉花”之称。

维纶的特性如下：

1）维纶的吸湿性好，在合成纤维中，它的吸湿性最大，织品穿着舒适不闷。

2）维纶的强度、耐磨性次于锦纶、涤纶，但高于其他纤维。

3）维纶主要以棉型短纤维为主，与棉或粘胶纤维混纺织制吸汗性、透气性良好的睡衣、床单布及其混纺织品。维纶也可用于工业用纺织品。

（5）丙纶（聚丙烯纤维）

丙纶的相对密度只有 0.91，是目前所有合成纤维中最轻的一种，故织品特别轻盈。

丙纶的特性如下：

1）丙纶的耐磨性很好，介于锦纶与涤纶之间，因此被大量用于生产地毯、装饰布、包装材料、绳索等。

2）丙纶的吸湿性在合成纤维中最低，基本不吸湿，因此丙纶不适宜做内衣，但可用于医药上做消毒纱布，有不粘伤口的优点。

3）丙纶的制造原料便宜，工艺过程简单，是合成纤维中生产成本较低的品种之一。

（6）氯纶（聚氯乙烯纤维）

氯纶在我国又称“滇纶”，在国外有“天美龙”“罗纬纶”之称。

氯纶的特性如下：

1）氯纶的耐磨性较高，耐光性较好，强度与腈纶相仿而不及锦纶、涤纶、丙纶。氯纶纤维燃烧性差，离开火就自动熄灭，制品阻燃性好。

2）氯纶的回弹性在合成纤维中是较差的，染色性能也较差。

3）氯纶吸湿性极差，回潮率仅为 0.03%；耐热性差，在 60～70℃水中就会收缩，在沸水中收缩率高达 50%。因此，氯纶的洗涤水温必须在 60℃以下，并且不可烘干，这大大限制了其在衣着上的广泛应用。

4）氯纶的耐酸性、耐碱性、耐氧化剂性均强，是合成纤维中最耐酸的品种之一，浓硫酸、浓盐酸对其强度几乎无影响。

5）氯纶是生产成本最低的品种之一，常用于制作防燃沙发布、床垫布、窗帘布和其他室内装饰用布以及耐化学药剂的工作服、过滤布。

（7）氨纶（聚氨基甲酸酯纤维）

氨纶也称为弹性纤维，其特性如下：

1）氨纶突出的特点是具有高伸长性和高弹性，其伸长度可达 450%～800%。氨纶在伸长 50% 时，回弹率为 95%～100%，俗称“橡筋丝”。

2）氨纶密度小、耐老化，还有较好的耐酸性、耐碱性、耐光性和耐磨性。

3）氨纶的吸湿性差，回潮率仅为 1%，而且强度低，是合成纤维中强度最低的纤维。

4）氨纶回弹时的回缩力小于拉伸力，因此穿着舒适，特别适宜织制泳装、健美健身服、运动服等各种紧身服装。用氨纶作为芯丝，在其外包覆纯真丝而成的弹力真丝，既有真丝的特点，又有高弹芯丝的性能，其综合性能优于普通真丝材料，特别适宜织制真丝内衣。

五、纺织纤维的鉴别方法

1. 感官鉴别法

感官鉴别法主要是建立在对各种纺织纤维面料的特征（外观、光泽、质地、手感等）把握的基础上，通过看（颜色、质地、光泽等）、摸（质感、厚薄等）、捏（弹性、硬挺度等）、听（丝鸣声）等方法，对面料的原料进行定性分析鉴别的一种方法。

（1）棉纤维

棉纤维有天然捻曲，长度较短，且长短不一。其织品手感柔软但不光滑，手握时有皱褶，且表面多有棉结杂质。

（2）麻纤维

麻纤维长而粗，强度大，缺乏光泽和弹性，织品手感粗硬，有凉爽感，表面有明显的粗细节。

（3）羊毛

羊毛较棉纤维长，有卷曲，光泽柔和，手感丰满、温暖，弹性好，织品紧握后不起皱。

（4）蚕丝

蚕丝细长，富有光泽，手感柔软凉爽，织品明亮、柔和，色泽鲜艳，手摸有拉手感。

（5）粘胶纤维

粘胶纤维织品表面无杂质，光泽强烈，揉搓时多皱褶。粘胶纤维长丝与蚕丝相似，但光泽更强烈，无凉爽感，织品握后易产生皱褶。粘胶纤维的棉型纤维和毛型纤维与棉、毛近似，但织品表面无杂质，易拉断，浸水后变厚发硬。

（6）合成纤维

合成纤维的强度大，弹性好，手感滑爽，但不柔软。涤纶织品手感爽挺，弹性好，不易起皱，在阳光下有闪光；锦纶织品手感比涤纶织品光滑，但易起皱；腈纶织品手感蓬松，伸缩性好，受力易伸长变形，类似毛织物；维纶类似棉，但其织品不及棉织物细柔，色泽不鲜艳；氨纶织品弹性最好，能像橡胶丝一样拉伸。

2. 燃烧鉴别法

燃烧鉴别法是将纤维在火焰上点燃，观察其在燃烧时的变化状况、气味、灰烬和剩余物的形状、硬度等各种特征，以此来分析纤维的种类。常见纤维的燃烧特征见表6—2。燃烧鉴别法只能用于鉴别纯纺织品。

表6—2　　常见纤维的燃烧特征

纤维名称	燃烧特征				
	靠近火焰	在火焰中	离开火焰	气味	灰烬
棉纤维、麻纤维	不熔不缩	迅速燃烧，产生黄色火焰，有蓝烟	继续燃烧，不熔融	烧纸味	软的灰白色粉末
蚕丝	收缩	缓缓燃烧缩成一团，放出火焰	继续燃烧，但速度较慢，稍有闪烁	烧毛发臭味	黑褐色小球，易碎
羊毛	收缩	缓缓燃烧，冒出蓝灰色烟、起泡	继续燃烧，但速度较慢，卷缩	烧毛发臭味	有光泽的黑色块状，易碎
粘胶纤维	不熔不缩	燃烧快，产生黄色火焰，无烟	继续燃烧	烧纸味	灰烬极少，呈浅灰色或深灰色
涤纶	收缩熔融	有亮黄色火焰，无烟	时常自动熄灭	特殊芳香味	坚韧的浅褐色硬球，不易碎
锦纶	收缩熔融	缓慢燃烧，有白烟，无火焰	不延燃	氨臭味	硬、焦茶色，球状，不易破碎
腈纶	收缩微融	熔融燃烧	继续燃烧	有酸的特殊气味	黑色小硬球
维纶	收缩熔融	缓慢燃烧，纤维顶端有火焰	继续燃烧	聚乙烯醇特有臭味	硬、焦茶色，不规则块状
丙纶	缓慢收缩	熔融燃烧	继续燃烧	石蜡味	硬黄褐色球体
氯纶	收缩	熔融燃烧，有黑烟	不延燃	有氯化氢气味	松脆黑色硬块
氨纶	近火熔融	熔融燃烧	不延燃	特殊臭味	有黏性，呈橡胶状

做一做

搜集身边各种纺织面料，将面料逐一在火焰上点燃，仔细观察这些纺织面料燃烧时的不同现象，感受不同纤维的燃烧特征。

3. 显微镜鉴别法

显微镜鉴别法是用显微镜来观察纤维的横向形状和纵向形态，从而鉴别纤维种类的方法。不同纤维的横向及纵向形态特征见表 6—3。显微镜鉴别法不但能鉴别纯纺产品，而且能鉴别混纺产品。

表 6—3　　不同纤维的横向及纵向形态特征

纤维种类	横向形态特征	纵向形态特征
棉纤维	腰圆有中腔	扁平，有天然转曲
亚麻纤维	多角形，中腔较小	横节，竖纹
苎麻纤维	腰圆形，有中腔裂缝	横节，竖纹
羊毛	圆形或椭圆形，有时有毛髓	有鳞片
蚕丝	不规则三角形	平直
粘胶纤维	锯齿形	有沟槽
富强纤维	圆形或少数锯齿	平滑
铜铵纤维	圆形	平滑
醋酸纤维	圆形或哑铃形	有 1～2 条沟槽
涤纶、锦纶、丙纶、氨纶	圆形或近圆形	平滑
腈纶	圆形或哑铃形	平中有 1～2 条沟槽
维纶	腰圆形，有皮芯结构	有 1～2 条沟槽

4. 药品着色鉴别法

药品着色鉴别法是根据各种纤维对各种化学药品的不同着色性能来鉴别纤维种类的方法。鉴别纤维的着色剂分为专用着色剂和通用着色剂两种。

专用着色剂用以鉴定某类特定纤维，对于不能判定的纤维，可用通用着色剂，它能使各种纤维染成各种不同的颜色，如 HI 纤维鉴别着色剂、碘—碘化钾溶液等。

除以上几种鉴别方法外，还有溶解鉴别法、熔点鉴别法、折射鉴别法等多种方法。

实际鉴别中不能仅用单一方法，必须用几种方法结合进行，综合分析鉴别结果，才能得出可靠的结论。一般鉴别时先确定大类，如利用燃烧鉴别法确定是纤维素纤维，还是蛋白质纤维或合成纤维；再细分纤维类别，如利用溶解鉴别法确定具体属于哪一种合成纤维。

第二节　针纺织品的主要品种

一、纺织品的种类及主要品种特点

纺织品是由经纬两个系统的纱线互相交织而成的织品。由于纺织品在织造过程中，经纬两组纱线微呈弯曲形状，经纬纱线互相受到约束，所以它的延伸性、弹性都受到一定限制，透气性均比针织品小。纺织品主要分为棉布类、麻布类、呢绒类、丝绸类、化纤织品五大类。

1. 棉布类（棉织物）

在棉纺设备上加工生产的纺织品均可列为棉布类。它包括纯棉织物、棉与化纤混纺织物、棉型纯化纤织物。

（1）分类

1）棉布按色相和花型可分为原色布（坯布）、色布、印花布和色织布。

2）棉布按织物组织可分为平纹布、斜纹布、缎纹布和其他织物组织棉布。

3）棉布按经纬纱线结构可分为纱织品、半线织品、线织品、交织织品、混纺织品等。

4）棉布按纱线加工方式可分为普梳织物和精梳织物。

（2）主要品种

讲一讲

大家一起讨论，你们在日常生活中留意过的棉布品种都有哪些？

1）平布。平布是采用平纹组织，用细度和密度相近或相等的经纱纬纱交织而成的织物。平布具有组织简单、结构紧密、布面平整的特点。

平布按其经纱纬纱的粗细不同，分为粗平布、中平布和细平布。粗平布又称粗布，常用低级棉纺制，布面粗糙，质地厚实坚牢，可做单衣、被里等。中平布又称市布，布面平整、光洁，质地坚牢，主要用作漂白、染色、印花加工的坯布，也可直接上市销售。细平布又称细布，布身细密，手感柔软光滑，通常用来加工成漂白、染色、印花细布。

2）府绸。府绸是高密度的平纹织物，是棉布中的高档品种。其经纬密度比约为 2：1。它具有质地较薄、结构紧密、颗粒清晰、布面光洁、光滑如绸等特点。府绸的用途很广，可制作各种男女衬衫、外衣等。

3）麻纱。麻纱是采用捻度大的纱作经纬，并将经纱用单双纱间隔排列的方式织成的织物。其布面有明显浮起的条纹，轻薄、挺括、布面光洁，穿着凉爽，具有麻布的风格，故得名麻纱。麻纱适宜做夏季衣料。

4）斜纹布。斜纹布是用二上一下经向斜纹组织织成，其正面斜纹明显，反面不明显，故又称单面斜纹。斜纹布质地较中平布紧密、厚实、手感柔软，具有一定的弹性。斜纹布按纱线的不同分为纱斜纹布和线斜纹布两种。

5）哔叽。哔叽分线哔叽和纱哔叽两种，是二上二下加强斜纹组织，其斜纹倾斜度为 45°。由于哔叽的经纬密度较稀，所以纹路间的距离较宽，适宜做男女服装、童装。

6）咔叽。咔叽是一种高密度的斜纹组织，有纱咔叽、线咔叽、半线咔叽三种。咔叽质地紧密，手感厚实，挺括、耐穿，适宜做男女外衣、春秋衫及风衣等。

7）华达呢。华达呢是二上二下斜纹组织，它的斜纹纹路比咔叽宽，比哔叽窄，纹路间可以隐约看到纬纱，质地厚实，手感比咔叽稍软，布身不及咔叽硬挺。华达呢适宜做春秋季各式男女服装。

8）泡泡纱。泡泡纱因其布面起泡或起皱而得名，属平纹组织织物。泡泡纱布面泡泡凹凸不平，有立体感，布身轻薄不贴身，适合做夏季妇女、儿童衣着。

9）灯芯绒。灯芯绒因布面绒毛呈条状排列，有如灯芯草而得名，也叫条绒。灯芯绒手感厚实，耐磨性好，保暖性好，布面绒条纹路清晰，适宜做春秋、冬季各式服装，也常用作各种装饰用品。

10）平绒。平绒采用复杂组织织造。因其表面密布平整、均匀耸立的绒毛而得名。平绒绒毛丰满，布身厚实，手感柔软，富有弹性，光泽柔和，耐磨性好，保暖性好，适宜做妇女秋冬罩衣、夹袄、外套以及幕布、装饰用布等。

棉布主要品种见图 6—8（观看彩色图片可扫描左侧二维码）。

细平布　府绸

麻纱　斜纹布

哔叽　咔叽

华达呢　泡泡纱

灯芯绒

平绒

图 6—8　棉布主要品种

2. 麻布类

传统麻布类织品一般分为苎麻布和亚麻布。

（1）苎麻布

苎麻布是用苎麻纤维纺织而成的织品，具有凉爽、透气性好、吸湿散热快、出汗不沾身等特点，是夏季比较理想的衣料。苎麻布也可用作抽绣、窗布、台布和装饰布等。除纯苎麻织品外，通过混纺交织的麻织品增加了纯苎麻织品的花色品种，改善了纯苎麻织品外观不够细洁、容易起毛的缺点。

（2）亚麻布

亚麻布是使用亚麻纤维纺织而成的织品，散热性好，穿着爽凉，平挺无绉缩，而且易于洗涤。亚麻布有原色亚麻布和漂白亚麻布两种。原色亚麻布虽然不漂白，但经过酸洗后手感较软，布面光洁平滑，可做内外衣、窗帘、抽绣衣饰等。漂白亚麻布经过了漂白处理，布面洁白平滑，可用作服装、被单、台布、窗帘等。除衣着用亚麻布外，还有工业和国防用的亚麻绿帆布，它经过了防水防腐处理，组织紧密硬挺，具有防水性能，可做帐篷、炮衣、旅行袋等。

苎麻纤维、亚麻纤维均可与其他纤维混纺或交织，大多为低比例麻纤维与化纤、天然纤维混纺或交织，如麻棉混纺交织织物、丝麻混纺织物等。其目的是集各类纤维之长，使面料性能更加优良，同时也可降低成本。

麻布主要品种见图 6—9（观看彩色图片可扫描左侧二维码）。

3. 呢绒类

在毛纺设备上加工生产的纺织品均可列为毛织物。毛织物又可称为呢绒类，包括纯毛呢绒、混纺呢绒、纯化纤纺毛呢绒。

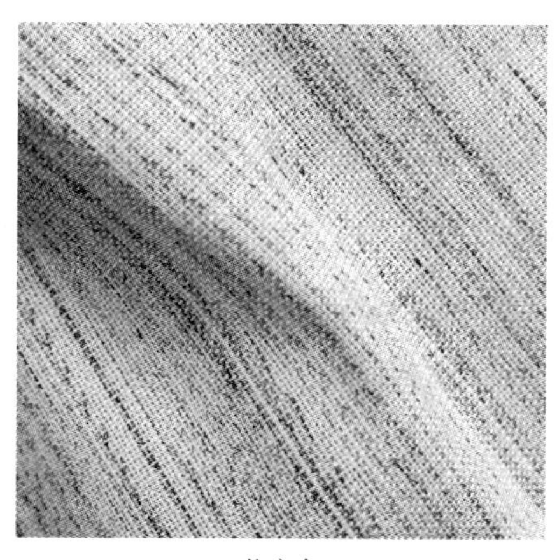
苎麻布

亚麻布

图 6—9 麻布主要品种

（1）分类

呢绒按商业经营习惯可分为粗纺呢绒、精纺呢绒、长毛绒和驼绒。

粗纺呢绒的品种主要有麦尔登、海军呢、大众呢、粗花呢、法兰绒、女式呢、大衣呢等。

精纺呢绒的主要品种有哔叽、凡立丁、派力司、华达呢、花呢、女衣呢等。

长毛绒俗称“人造毛皮”，其正面是平整竖立的长毛绒，反面是用棉纱织成的底布。长毛绒可以做大衣面料、大衣领、衣里以及沙发、椅面绒。

驼绒因外观酷似骆驼皮毛而得名，它是以粗纺毛纱做绒面纱，棉纱做底纱，用针织机编结而成的织物。驼绒正面耸立着平整丰满的长绒毛，质地较软，富有伸缩性，保暖性强，适宜制作服装、鞋帽、手套、衬里等。

（2）主要品种

1）凡立丁。凡立丁是用平纹组织织成的薄型毛呢，其经纬密度在精纺呢绒中最低，质地细洁轻薄，手感光滑挺爽，透气性好，是呢绒产品中夏季销量最大的一种，适宜制作夏季男女上衣、西裤、裙装。

2）派力司。派力司大多采用白色毛条和有色毛条合并的混色毛纱编织，属平纹组织。其呢面有非常细的白点和花条，手感滑爽，轻薄，光泽自然，适合做夏季男女西裤、短裙等。

3）哔叽。哔叽是呢绒织品中销路最广的一种，一般采用二上二下双面斜纹织成，斜纹纹路间隔较宽，向右倾斜 50°。哔叽呢面光洁平整，斜纹清晰，光泽自然，手感柔软丰满，适宜做西装、中山装、裙装、西裤等。

4）华达呢。华达呢是精纺呢绒中的一个重要品种，多采用二上二下斜纹组织织成，斜纹间隔较窄，向右倾斜 63°。其质地较为紧密，手感丰满，呢面光洁，纹路清晰，结实耐穿，素色，适合做春秋冬三季男女服装。

5）花呢。花呢是利用各种精梳色纱、各色花式线织成的花式精纺呢绒的总称，有薄花呢、中厚花呢和厚花呢三种，可做春秋冬季各式男女服装。

6）麦尔登。麦尔登是粗纺呢绒中品质较高的品种，它用斜纹或平纹组织织成，正反面覆盖一层密集的绒毛，不露底纹，呢面丰满，手感柔软，保暖性好，耐磨耐穿，适宜做秋冬西服、套装大衣等。

7）制服呢。制服呢是大众化的一个粗纺呢绒品种，多采用二上二下双斜纹组织织成。制服呢呢面平整，质地紧密，稍露底纹，手感稍粗糙，色光也较差，颜色以藏青色、黑色、蓝色和军绿色为主，可用来制作秋冬服装、外套、学生制服、化工劳保产品等。

8）大衣呢。大衣呢是粗纺呢绒中的品种，其种类繁多，组织变化大。根据其呢面特征，大衣呢可分为平厚大衣呢、立绒大衣呢、顺毛大衣呢、拷花大衣呢、花式大衣呢等多种。传统男式大衣呢质地厚实，外观朴素，颜色较深，以藏青色、咖啡色等深色居多。女式大衣呢质地较薄，色泽明快、鲜亮。近年来，由于羊绒的使用，各种大衣呢均倾向于轻、柔。

呢绒主要品种见图 6—10（观看彩色图片可扫描左侧二维码）。

凡立丁

派力司

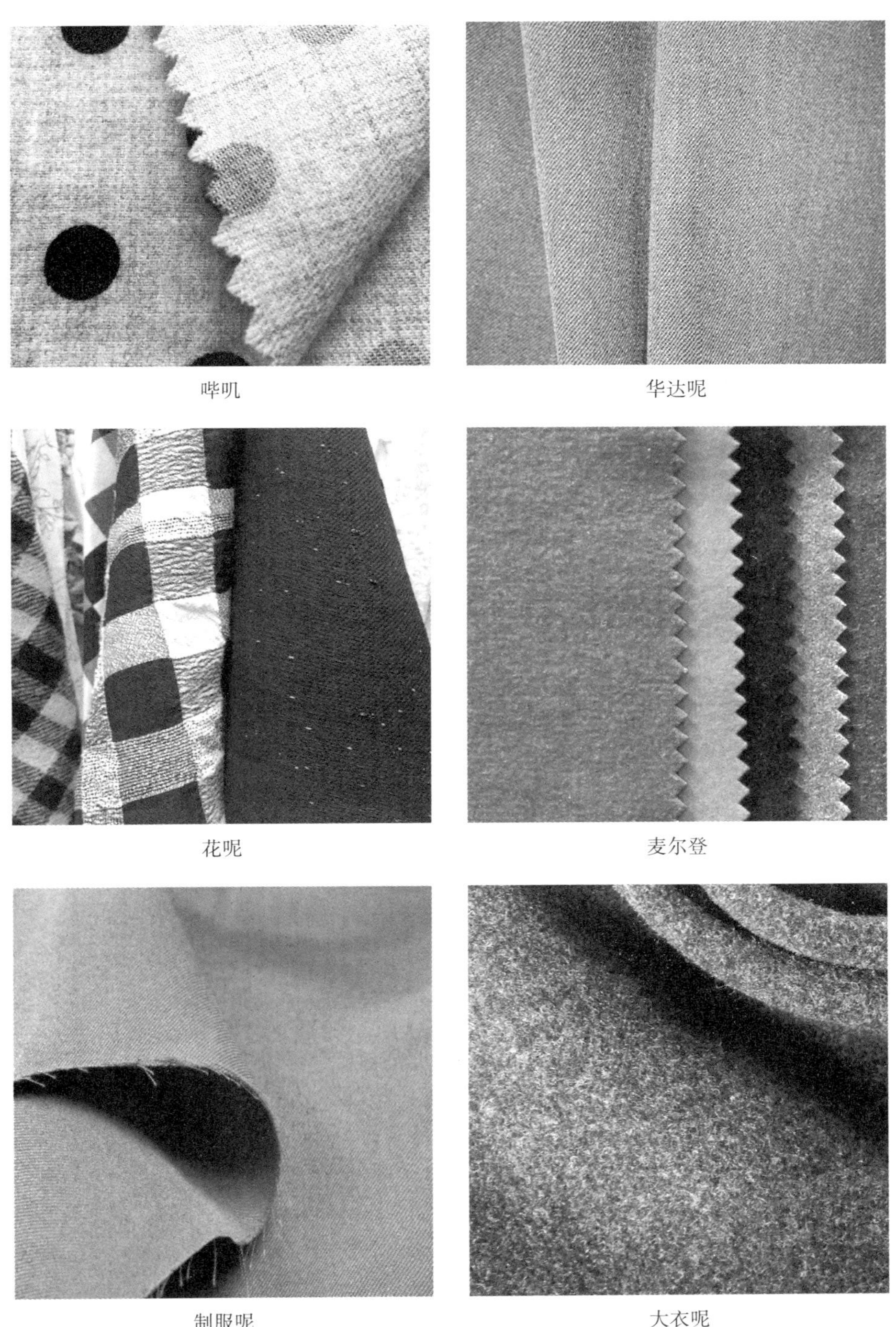

哔叽 华达呢

花呢 麦尔登

制服呢 大衣呢

图 6—10 呢绒主要品种

4. 丝绸类（丝织物）

丝绸是用蚕丝、绢丝及化学长丝作经纬织成的织物。丝绸织物历史悠久，品种繁多，织物光滑、细洁、光泽悦目，其中的真丝绸类织物吸湿性好，轻盈飘逸，明亮自然，高雅华贵，是高档织物。

（1）分类

1）按织物的组织结构和外观特征可分为纺类、绸类、绉类、缎类、绡类、绢类、绫类、罗类、绨类、纱类、葛类、呢类、绒类、锦类十四类。

2）按织品的原料和商业经营习惯可分为真丝绸类、绢丝绸类、柞丝绸类、交织绸类、合纤绸类、人丝绸类、被面类七类。

3）按织物的生产加工方法可分为生货绸和熟货绸两类。生货绸是先由生丝织成坯绸，再经练染整理而成的织物，如电力纺、双绉等。熟货绸是在织造之前先将经纬丝线染色或精练脱胶成熟丝，再织成的织物，如锦缎、真丝塔夫绸等。

（2）主要品种及特点（见表6—4）

表6—4 丝绸的主要品种

丝绸类型	主要特点	主要品种
纺类	纺类也称纺绸，是采用平纹组织织成的素色和印花织物。其经纬丝一般不加捻，是生货绸。纺类外观平整细密，质地柔软滑爽，轻薄坚韧	电力纺、洋纺、富春纺、杭纺、绢丝纺等
绸类	绸类一般采用平纹织成，经纬丝一般不加捻。绸类细密、轻薄，绸面平滑有光，但比纺类织物稍厚重	塔夫绸、双宫绸、绵绸、柞丝绸等
绉类	绉类是利用丝加捻或用绉组织，也可用两种不同收缩性能的原料交替排列，从而使织物外观呈现不同的绉纹。绉类光泽柔和，手感柔软而富有弹性	乔其绉、双绉、花绉、碧绉、缎背绉、留香绉、柞丝绉等
缎类	缎类是底纹全部或大部分采用缎纹组织织造的丝织物。缎类绸面光亮柔软，花纹精细，色彩瑰丽，质地紧密	素软缎、素绉缎、花软缎、织锦缎、古香缎等
绡类	绡类是用平纹或透孔组织织造而成。其经纬度密度小，质地轻薄，有孔眼	平素绡、条格绡、提花绡、烂花绡等
绢类	绢类是采用平纹组织或平纹变化组织，经纬纱先染色或部分染色后进行色织的丝织物。其质地轻薄，挺括，绸面细密平整	天香绢、挖花绢等
绫类	绫类是以底纹采用各种经面斜纹组织，或以经面斜纹组织为主，混用其他组织，织成的花素织物。绫类质地轻薄，表面有清晰的斜纹纹路	羽纱、采芝绫等

续表

丝绸类型	主要特点	主要品种
罗类	罗类是利用罗组织，使织物表面形成成行或成列的孔眼。罗类紧密结实，又有孔眼透气	横罗、直罗、花罗等
绨类	绨类是用人造丝作经，棉纱或蜡线或其他原料作纬，用平纹组织织成的花素织物。绨类手感粗糙，质地厚实、坚牢	线绨、蜡线绨、素绨等
纱类	纱类是应用纱组织织成的织物。纱类表面有均匀分布的孔眼，质地轻薄，透明	乔其纱、东方纱、芦山纱等
葛类	葛类是采用平纹、经重平急斜纹组织，用细经纱粗纬纱织成的花素织物。葛类表面有明显的横棱凸纹	文尚葛、新华葛、毛葛等
呢类	呢类是用较粗的丝线模仿毛织物的组织结构织成的织物。呢类质地厚实，绸身紧密，少光泽，正面一般呈现出不规则的花纹	大伟呢、四维呢等
绒类	绒类是表面具有绒毛绒圈的花、素丝织物。绒类质地柔软，色泽鲜艳光亮，毛绒圈整齐细密	珊瑚绒、法兰绒等
锦类	锦类是采用斜纹、缎纹等组织，用三色以上的丝线织成的色织提花丝织物。其质地厚实丰满，外观五彩缤纷、富丽堂皇，花纹精致古朴	蜀锦、宋锦、云锦等

丝绸部分品种见图 6—11（观看彩色图片可扫描右侧二维码）。

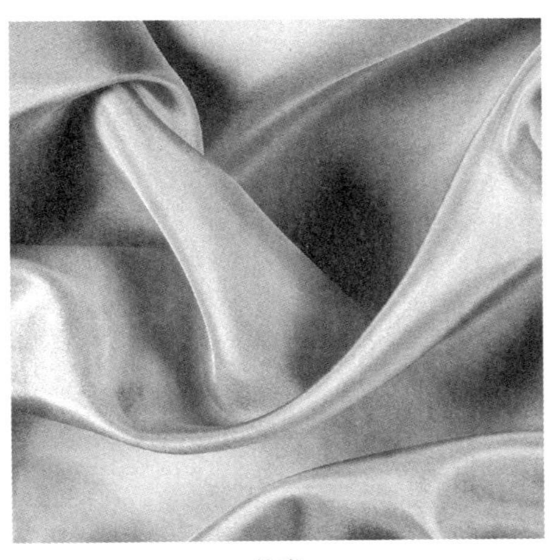

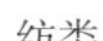

纺类

绸类

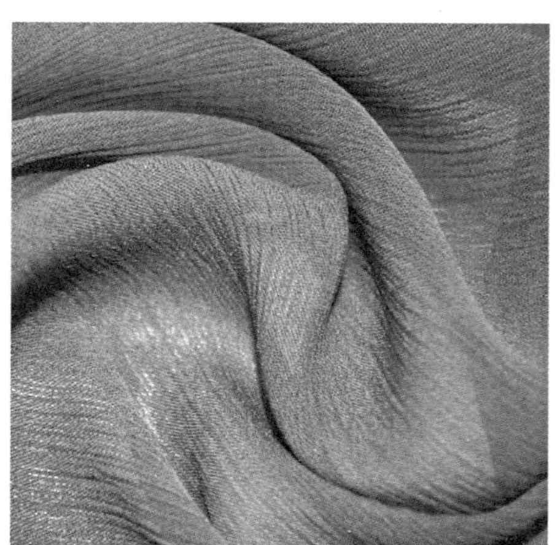

绉类

绡类　　纱类

绒类　　锦类

图 6—11　丝绸部分品种

5. 化纤织品

（1）命名方法

化纤织品的命名方法是：纯纺织品，需在产品名称或品种名称前加化学纤维名称。混纺或交织产品，使用两种以上原料，其比例不同时，按使用比例的多少排序，比例多的在前，比例少的在后；比例相同时，则按天然纤维、合成纤维、人造纤维的顺序排列。例如，50% 羊毛、40% 涤纶、10% 粘纤混纺薄花呢称毛涤粘薄花呢。

（2）种类（见图 6—12）

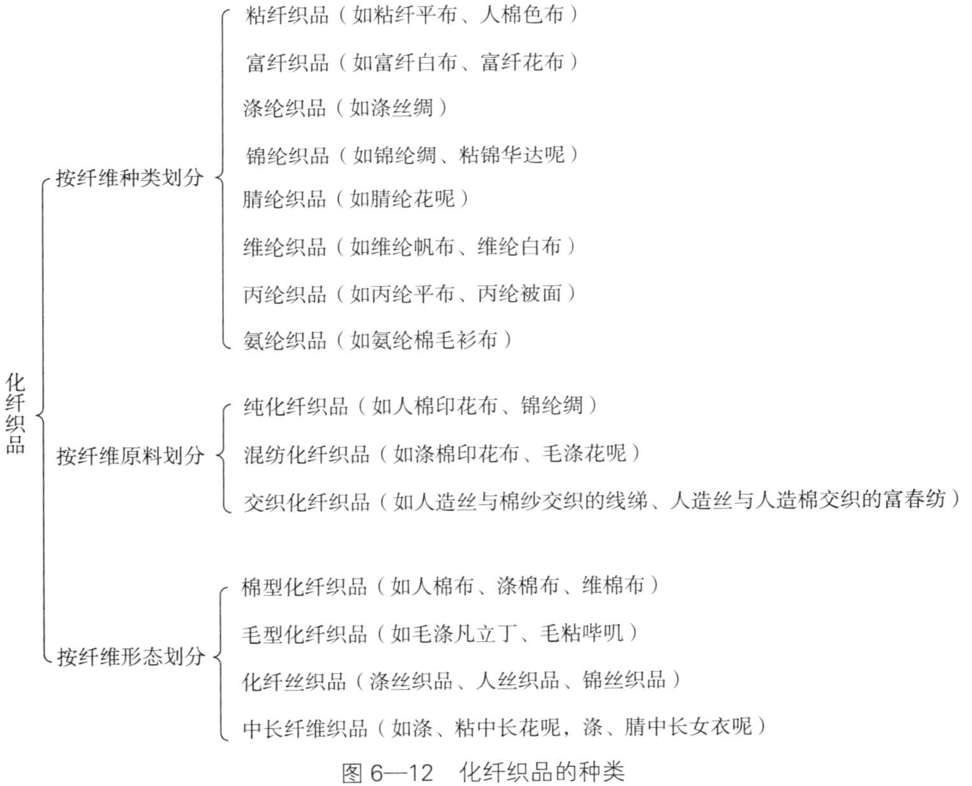

图 6—12　化纤织品的种类

二、针织品的种类及主要品种特点

针织品是由一根或若干根纱线，沿纬向或经向弯成线圈，再由线圈互相套结而成的织品。由于针织品是由若干线圈相互套结而成，织物中线圈的排列具有较大的空隙，因此针织品具有较大的伸缩性、较好的柔软性以及良好的吸湿性和透气性。但是，针织品在结实、挺括等方面不及纺织品。针织品的主要品种有针织内衣、针织外衣、针织毛衫、袜子、手套、毛巾、床单、毯子等。

1. 针织内衣

针织内衣是用针织面料制作的穿在最里面的贴身服装的总称，它是针织服装最基本的类别。针织内衣多采用棉、麻、毛、丝等天然纤维织物，部分也采用涤纶、腈纶、丙纶等化学纤维织物。

近些年来，针织内衣开始由实用型向时装型和保健型发展，新材料也不断涌现。在内衣尤其是保暖内衣中出现了以“莫代尔”“天丝”等为原料的针织内衣。莫代尔和天丝都属于再生纤维素纤维，是粘胶纤维的换代产品。

（1）分类

目前市场上销售的针织内衣品种主要有汗衫背心、普通棉毛衫裤、绒衫裤、保暖内衣、美体塑身内衣、短裤、家居服、文胸、宝宝装等，各品种的主要特点见表 6—5。

表 6—5　　针织内衣的分类

类型	主要特点	品种
汗衫背心	大多用纬平针织物汗布制作而成，织物细薄，吸湿性强，透气性好，穿着舒适	包括男女、儿童的各种圆领衫、翻领衫、背心等
棉毛衫裤	用双罗纹针织物棉毛布制作而成，质地柔软厚实，弹性好，保暖，耐磨	包括男女、儿童的各种棉毛衫、棉毛裤等
绒衫裤	大多用起绒织物绒布缝制而成，手感柔软，质地厚实，表面有绒毛，保暖性好，穿着舒适	包括男女、儿童的各种绒衫、绒裤
保暖内衣	大多用羊毛、竹炭、莫代尔纤维等起绒针织物制作而成，具有手感柔软、吸湿性强、保暖性好、弹性大等优点	包括男女、儿童的各种保暖上衣、保暖裤和美体塑身衣
其他	大多采用纯棉、丝织物制作而成，具有透气、舒适的特点	短裤、家居服、文胸、束腹带、宝宝装

（2）尺寸规格

针织内衣的规格以胸围和腰围的尺寸来划分，以厘米为单位，每隔 5 cm 设档。

2. 针织外衣

使用针织面料制成的外衣称为针织外衣。由于针织面料具有弹性好、不易变形、质地坚牢、穿着舒适得体等优点，使针织外衣更适合作为休闲装和运动装穿用。针织外衣按用途可以分为针织运动服装、日常用休闲服装、针织社交礼服等。

3. 针织毛衫

针织毛衫是利用羊毛、驼毛、兔毛、马海毛或毛型化学纤维等纺成纱线后织成的织物。

（1）分类

针织毛衫按原料不同可分为纯毛类、纯化纤类、混纺类针织毛衫。纯毛类针织毛衫是由羊毛、羊绒、兔毛、驼毛、马海毛或几种毛混纺后而编结的织品；纯化纤类针织毛衫是由化纤纱线编织的织品，以腈纶为主；混纺类针织毛衫是由毛纤维和化纤混纺的针织绒线编结的织品。针织毛衫按花色不同可分为提花针织毛衫、印花针织毛衫、绣花针织毛衫、缀花针织毛衫等。

（2）主要品种（见表6—6）

表6—6 针织毛衫的主要品种

品种	主要特点
羊毛衫	用纯羊毛针织绒线编织的织品，质地较一般绒线衫轻薄，具有花色式样多、色泽鲜艳柔和、弹性好、结实耐穿的特点
羊绒衫	又称开司米衫，由山羊绒编织而成，具有轻巧、柔软、滑爽、华贵的特点，是高档的穿着用品
腈纶衫	以腈纶纤维为原料织成，具有坚牢耐穿、保暖性强、易洗易晒、质轻价廉的特点
混纺毛衫	以动物毛纤维和化纤混纺的绒线编织而成，外观有毛感，抗伸强度好，降低了毛衫成本，物美价廉

4. 针织配件

针织配件主要有袜子、针织手套、针织帽子、针织围巾等。

袜子的种类很多，按使用对象可分为男袜、女袜、童袜（男童、女童）、婴儿袜等，按原料可分为：棉袜、丝袜、羊毛袜、麻袜、化纤袜以及其他原料类袜，按袜筒的长短可分为短筒袜（两骨）、中筒袜（三骨）、长筒袜（四骨）、连裤袜、九分裤袜、七分裤袜、五分裤袜、船袜（超短筒）等，按制袜机器及针筒可分为国产单针筒袜、双针筒袜、单针毛巾袜、电脑袜（单针）、电脑双针毛巾袜等，还可以按组织结构分为素色袜、横条袜、提花袜、绣花袜、网眼袜、绣花

网眼袜、绣花横条袜、提花横条袜等。

针织手套一般是成形编织或用针织布缝制而成，分为装饰用手套、保暖用手套和劳保用手套。

针织帽子、针织围巾种类繁多、色彩丰富，它们既能保暖又能适合不同服装搭配需要。

想一想

仔细观察一下自己和周边同学们穿着的服装，想一想它们分别属于什么品种的针纺织品？

5. 毛巾类

毛巾类织物表面具有一层蓬松的毛圈，质地丰厚，手感柔软，耐磨，保暖性好，吸水、储水性好。

毛巾类织品按用途可分为毛巾、枕巾、方巾、毛巾被、沙发巾、毛巾布和毛巾杂品七类，按花色可分为彩条毛巾、彩格毛巾、全色毛巾、全白毛巾、提花毛巾、织花毛巾、印花毛巾等。近年来又出现了竹纤维毛巾、木纤维毛巾、大豆蛋白纤维毛巾、超细纤维毛巾等。

（1）毛巾又称面巾，主要用于擦拭或擦干面部。对毛巾的要求是经纬密度不能太大，毛圈要长，柔软，具有良好的吸水性能。

（2）枕巾是为铺饰枕头，保持枕套清洁、美观的毛巾类织品。对枕巾的要求是花色鲜艳，质地紧密，耐磨，毛圈不宜太长。

（3）浴巾是专为沐浴后擦拭、披遮身体用的织品。对浴巾的要求是质地紧密，丰满厚实，有较强的吸水性和储水性。

（4）方巾以外形为方形而得名，有汗巾和餐巾两个品种。

（5）毛巾被是夏秋季节睡觉做防凉用的毛巾类织品。对毛巾被的要求是毛圈长密，质地厚实柔软，保暖性好。

（6）沙发巾是用作沙发靠背垫，借以保持沙发的整洁，并对沙发起到美化作用的毛巾类织品。对沙发巾的要求是质地要紧密，毛圈不宜过长，色泽以深色为主。

（7）毛巾布和毛巾类杂品的用途很多，可制作浴衣、睡衣等，又可制作擦背巾、浴垫等，它们统称为毛巾杂品。

6. 毯子

毯子按传统商业经营习惯可分为棉毯、绒毡、线毯、毛毯等种类，其中毛毯又可分为纯毛毛毯、混纺毛毯、人造毛毯、腈纶毯等。毯子一般具有柔软厚实、保暖性好等特点。

第三节　织物的质量要求及使用注意事项

一、织物的质量要求

1. 织物的主要技术规格

（1）原料

原料决定着织物的力学性能、服用性能、外观手感、风格以及价值等。织物有纯纺织物、混纺织物和交织织物。对于混纺织物混纺比不同，纱线的物理、力学性能和服用性能也不同。

（2）幅宽和匹长

织物的幅宽也叫门幅、布幅，是指织物的纬向宽度，以厘米为计量单位。幅宽的规格很多，有 72 cm、90 cm、114 cm、144 cm、145 cm、150 cm、240 cm、250 cm 等。其中 144 cm、145 cm、150 cm 称为双幅，多用于毛织物。

一匹织物的长度叫作匹长。一般来说，棉织物匹长 30～60 m，精纺毛织物匹长 50～70 m，粗纺毛织物匹长 30～40 m，长毛绒和驼绒匹长 25～35 m，丝织物匹长 20～50 m，麻类夏布匹长 16～35 m。

（3）重量

织物的重量用每平方米克重或每米克重表示。它是织物用料的重要指标，也是织物厚度的反映，直接影响织物的物理、力学性能和服用性能，如强力、保暖性、手感、风格等。

（4）厚度

织物的厚度是指在一定的压力下织物的绝对厚度，以毫米为单位。影响织物厚度的因素主要是纱线粗细、织物组织、经纬纱密度。织物的厚度影响着织物的保暖性、耐磨性和柔软性。常见棉毛织物的厚度见表 6—7。

表 6—7 常见棉毛织物的厚度 单位：mm

织物类型	棉与棉型化纤织物	毛与毛型化纤精梳织物	毛与毛型化纤粗梳织物
轻薄型	0.24 以下	0.4 以下	1.10 以下
中厚型	0.24～0.40	0.4～0.6	1.10～1.60
厚重型	0.40 以上	0.6 以上	1.60 以上

（5）密度和紧度

织物的密度是指织物单位长度内纱线的根数。织物密度可分为径向密度和纬向密度，它直接影响着织物外观的稀密、组织的松紧、厚度、强度、重量、弹性等。织物的紧度是指织物中纱线所覆盖的面积和织物总面积之比，比值大说明织物紧密，比值小说明织物较稀疏。紧度较大的织物，透气性、透湿性较差，手感较硬。

2. 织物的力学性能

（1）断裂强度和断裂伸长率

断裂强度是指织物拉伸到断裂时所能承受的最大强力。它与织物的纤维原料、纱线的粗细、纱线的密度、织物的组织结构有关。断裂伸长率是表示织物受到拉伸至断裂时的伸长百分数。断裂伸长率越大，织物越耐用。

（2）撕裂强度和抗顶强度

撕裂强度是指织物的局部被夹持或钩住，以致被撕成两片而破坏所承受的最大拉力，它与纱线的强度成正比。抗顶强度是织物抵抗集中的垂直负荷的能力，它与织物的原料、密度、纱线强度关系密切。

（3）抗皱性、弹性和免烫性

抗皱性是指织物抵抗揉搓和弯曲而引起的皱痕变形的能力，弹性是指织物变形后的回复能力，二者同属于织物的弯曲性能。免烫性一般是指织物经洗涤后，不需要熨烫仍保持原有平挺的性能。羊毛与涤纶的抗皱性和免烫性较好。

（4）耐磨性

耐磨性是指织物抵抗磨损的性能。纤维的伸长率越大，弹性回复率越高，织物的耐磨性越高。各种纤维中锦纶的耐磨性最高。

3. 织物的服用性能

想一想

（1）日常生活中为什么有些衣服易起毛、起球?

（2）哪些衣服穿着会舒适凉爽? 为什么?

（3）为什么羊毛衫和羽绒服的保暖性能优良?

（1）起毛、起球性能

织物在穿着与洗涤过程中不断受到摩擦，使表面的纤维头端露出，呈现许多毛茸的现象称为起毛。如果毛茸纠缠在一起，揉成许多球状小粒，则称为起球。涤纶、腈纶等耐磨性强，一旦表面形成小球不易脱落，因此涤纶、腈纶起毛、起球较严重。

（2）刚挺度和悬垂性

织物的刚挺度是指织物抵抗形状变化的能力，织物的刚挺度直接影响织物的手感、风格和挺括性。织物的悬垂性是指将织物悬挂垂下，能自然形成平滑而优美的曲面的特性。悬垂性好的织物，能自然下垂，并产生优美的线条。

（3）含气性、透气性和保暖性

服装材料多为纤维制品，一般含有大量的空气。纤维内部的微细气孔、纤维与纤维之间、纱线与纱线之间的空隙以及织物空隙中均含有空气，这种性质叫含气性。含气性的大小用含气率表示，含气率是指一定体积织物中空气量的百分比。含气率受纤维原料的种类、纱线的粗细、组织结构形态及厚度等因素的影响。一般来讲，含气率大是织物的优越特性，它能使服装材料充分发挥保温和通气性能。因此，冬季穿着有填絮料的服装或穿着毛织物会使温暖的空气裹住身体，达到御寒保温的作用。

织物的透气性是指织物具有的透过空气的特性，也称通气性。夏季用织物要求有较好的透气性；冬季用织物要求有适当小的透气性，这样既能防止冷空气入侵和热空气散失，又能使人体散发的水汽及时向外排出。

织物的保暖性是指织物的热传递性能，主要取决于纤维本身的热传导性能和织物内空气的含量。

（4）吸湿性

吸湿性是指织物吸收和放出水分子的性能，它主要取决于纤维本身的性能。棉、毛、丝、麻、粘胶纤维等亲水性纤维吸湿性强，涤纶、丙纶、锦纶等合成纤维吸湿性较差。

（5）缩水性

织物经过水洗后引起的尺寸的改变称为缩水，缩水的程度用缩水率表示。织物缩水后，往往面积减少、厚度增加，使服装尺寸难以掌握，甚至造成成衣变形，影响使用和美观。

4. 织物的染色牢度

织物的染色牢度是指染料与织物结合的牢固程度，包括日晒牢度、摩擦牢度、水洗牢度、皂洗牢度、熨烫牢度等。

5. 织物的外观疵点

织物的外观疵点是指织物上存在的各种缺陷，这些缺陷影响织物的外观，有些疵点甚至严重影响织物的坚牢度和使用。

疵点根据分布情况可分为局部性外观疵点和散布性外观疵点两类。局部性外观疵点是指出现在织物部分面积上的疵点，如破损、织疵、斑渍、色条等。散布性疵点是指存在于织物的很大一块面积内或遍及织物全匹的疵点，如棉结杂质、缺经、染色不匀、色差、错花、条花、歪斜、幅宽不符、起毛不匀等。织物外观疵点的种类、数量、分布状况是织物区分等级的重要依据。

二、织物使用的注意事项

1. 织物的洗涤

首先，要根据织物原料的性质，选择适宜的洗涤剂。普通肥皂和碱性洗衣粉主要适合洗涤棉麻类织物；皂片适合洗涤高级细软织物；低泡型洗衣粉适合洗衣机洗涤；加酶洗衣粉去污力强，能去除血、乳等污渍，但不能洗涤丝毛织物。

其次，控制好洗涤液的浓度和温度。一般洗涤液的浓度以 0.4%～0.5% 为宜，洗涤温度应根据织物的原料而有所变化。脱水时除棉麻织物可以拧绞外，其他织物应挤干或离心甩干。

2. 织物的熨烫

织物熨烫的关键是根据织物纤维特点调控好温度。常见纤维织物洗涤和熨烫的适宜温度见表 6—8。

表 6—8　　常见纤维织物洗涤和熨烫的适宜温度

制品类型	适宜温度（℃）		制品类型	适宜温度（℃）	
	洗涤	熨烫		洗涤	熨烫
棉	45～60	180～200	涤纶	40～50	140～160
麻	45～60	140～200	锦纶	30～40	120～150
羊毛	40 左右	120～160	腈纶	30 左右	130～150
真丝	35～40	120～150	丙纶	微温或冷水	90～110
粘纤	微温或冷水	120～160	氯纶	30 左右	70～80

3. 织物的缝纫

织物缝纫时应注意以下几个问题:

（1）织物的缩水性

不同纤维的织物缩水率不同，因此，剪裁时一定要考虑缩水率。一般天然纤维和粘胶纤维缩水率较大，合成纤维缩水率小。

（2）织物的脱散性

织物会沿着被剪裁的边沿逆编织的方向脱散开来，因此，应沿着剪裁边沿锁边，防止脱散。

（3）正确选用针和线

要根据织物的厚薄，选择不同型号的针和线。细薄织物宜用细针细线，粗厚织物宜用粗针粗线。

第四节　服装

一、服装分类

服装通常认为是衣服与鞋帽等的总称，其常用的分类方法有：

1. 按服装的基本形态分类

（1）体形型服装

体形型服装是指符合人体形状、结构的服装。这类服装的一般穿着形式分为上装与下装两部分。上装与人体胸围、项颈、手臂的形态相适应；下装则符合腰、臀、腿的形状，以裤型、裙型为主。体形型服装裁剪、缝制较为严谨，注重服装的轮廓造型和主体效果，如西服多为体形型服装。

（2）样式型服装

样式型服装是以宽松、舒展的形式将衣料覆盖在人体上的一种服装样式。这种服装不拘泥于人体的形态，较为自由随意，裁剪与缝制工艺以简单的平面效果为主。

（3）混合型服装

混合型服装是体形型服装和样式型服装综合、混合的形式，兼有两者的特点，剪裁采用简单的平面结构，但以人体为中心，基本的形态为长方形，如中国旗袍、日本和服等。

2. 按服装的穿着组合、用途、面料等分类（见图 6—13）

二、服装材料

服装材料包括服装面料和服装辅料两类。服装常用的面料有棉布、麻布、呢绒、丝绸、化纤织品及各种混纺织品等（已在本章前面几节做了介绍，此处不再赘述）。服装辅料主要有服装里料、服装衬料与垫料、服装填充料及其他辅料。

- 服装的分类
  - 按穿着组合分类
    - 整件装：上下两部分相连的服装，如连衣裙等，服装整体形态感强
    - 套装：上衣与下装分开的衣着形式，有两件套、三件套等
    - 外套：穿在最外层的服装，有大衣、风衣、雨衣、披风等
    - 背心：穿至上半身的无袖服装，通常短至腰、臀之间
    - 裙：遮盖下半身的服装，有一步裙、A字裙、圆台裙、裙裤等
    - 裤：从腰部向下至臀部后分为裤腿的衣着形式，有长裤、短裤、中裤
  - 按用途分类
    - 内衣：内衣紧贴人体，起护体、保暖、整形的作用
    - 外衣：外衣品种很多，可分为社交服、日常服、职业服、运动服、室内服、舞台服
  - 按面料分类：呢绒服装、丝绸服装、棉布服装、毛皮服装、羽绒服装等
  - 按穿着者性别分类
    - 男装
    - 女装
  - 按穿着者年龄分类：婴儿装、少年装、青年装、中年装、老年装
  - 按加工方式分类：针织服装、刺绣服装、手绘服装、定制服装、自制服装、成衣、高级女装等
  - 按品质分类
    - 高档服装
    - 中档服装
    - 低档服装
  - 按外形分类
    - H型服装
    - A型服装
    - V型服装
    - X型服装
  - 按特殊功用分类：消防服、高温作业服、潜水服、飞行服、登山服、宇航服等

图 6—13　服装的分类

1. 服装里料

服装里料是指服装最里层的材料，俗称里子或夹里。服装里料能使服装挺括、坚牢耐穿、穿脱方便，并能增加服装的厚度和保暖性，也可起到美化服装的作用。服装里料的主要品种有棉布、羽纱、美丽绸、涤纶绸、锦纶绸等。服装里料要求色牢度、透气性、吸湿性、光滑性要好。服装设计时应根据面料的档次、色泽、厚度、缩水率选择相应的里料。

2. 服装衬料与垫料

服装衬料简称“衬”，包括领衬、肩衬、胸衬、腰衬、袖衬等。它为服装造型起骨架和支撑作用，使服装更加挺括、丰满、合体。用在衣领、袖口、裤腰等部位加贴的衬料叫作衬布，而肩、胸等部位垫加的材料叫作垫料（垫肩、胸垫）。衬料根据原料分为毛衬、麻衬、布衬及化学衬四类，化学衬主要有树脂衬和粘合衬。

3. 服装填充料

服装填充料是指服装里料与面料之间的填充材料，主要包括棉絮、丝绵、羽绒、驼毛、羊毛、羊绒、化纤絮等，起着防寒保暖的作用。

近年来，各种质轻保暖、易定型的化纤喷胶棉被大量使用在服装上。这些填充料与面料合为一体，用其加工服装工艺简便、快捷，服装体积小、外形美观，深受消费者欢迎。

4. 其他辅料

（1）线类

线类的主要品种有棉线、丝线、化纤线、混纺线、金属线等。

（2）扣、钩、链

扣、钩、链的主要品种有金属扣、塑料扣、木扣、皮革扣、包扣、玻璃扣、钩、拉链、环等。

（3）缀饰材料

缀饰材料是指衣服装饰用的珠子、光片、钻片、花边等，还有尺码带、商标、吊牌等标志材料。

三、服装款式

服装款式是指服装的结构、式样。服装的常见款式有衬衫、半身裙、连衣裙、两件套、旗袍、背心、中山装、西服、春秋装、风雨衣、童装等，如图 6—14 所示。

图 6—14　常见服装款式

a）中山装　b）男衬衣　c）两件套　d）旗袍　e）连衣裙　f）半身裙

四、服装号型标准

服装号型是表示服装规格尺寸、长短、肥瘦的标志。

1. 号型定义

“号”指人体的身高，以厘米表示，是设计服装长度的依据。“型”指人体胸围或腰围，以厘米表示，是设计服装围度的依据。

人体体形也属于“型”的范围，以胸腰围差为依据把人体划分成 Y 型、A 型、B 型、C 型四种体形。Y 型指胸围大腰细的体形，A 型是一般体形，B 型表示腰围较粗的微胖体形，C 型表示腰围很粗的肥胖体形。四种体形的胸腰围差见表 6—9。

表 6—9　　体形分类代号

体形分类代号	男子胸腰围差（cm）	女子胸腰围差（cm）
Y 型	22～17	24～14
A 型	16～12	18～14
B 型	11～7	13～9
C 型	6～2	8～4

2. 号型标志

国家标准规定：在服装上必须标明号型。号与型之间用斜线分开，后接体形分类代号。套装的上下装还要分别标明号型。例如：男上衣的号型为 170/88A，其中 170 表示身高为 170 cm，88 表示净体胸围为 88 cm，体形分类代号“A”表示胸腰围差为 16～12 cm。

3. 号型应用

想一想

请同学们为身高 168 cm、净胸围 87 cm、胸腰围差 20 cm 的女士选择上装号型（把正确的号型后打对号）。

170/88A（　　）　165/88A（　　）　170/84A（　　）　165/88B（　　）

消费者选购服装前，先要测量自己的身高、净胸围、腰围，成人还要以胸腰围差来确定自己的体形，然后按实际规格在某个体形中选择近似的号型服装。

个体的身体尺寸有时与服装号型不完全吻合，一般来说，要选择接近自己身高、胸围或腰围规格的号型。

①按身高数值选用号。例：身高 163～167 cm，选用号 165；身高 168～172 cm，选用号 170。

②按净胸围数值选用上装型。例：净胸围 82～85 cm，选用型 84；净胸围 86～89 cm，选用型 88。

③按净体腰围数值选用下装型。例：净体腰围 65～66 cm，选用型 66；净体腰围 67～68 cm，选用型 68。

儿童正处在长身体的阶段，特点是身高的增长速度大于胸围、腰围的增长速度，因此为儿童选择服装时“号”可大一至二档，型可不动或大一档。

4. 号型系列

把人体的号和型进行有规则的分档排列，即为服装的号型系列。身高以 5 cm 分档，组成系列；胸围以 4 cm 或 3 cm 分档，组成系列；腰围以 2 cm 或 3 cm 分档，组成系列。身高与胸围、腰围搭配，分别组成 5 · 4、5 · 3、5 · 2 号型系列。男、女体形中间标准体见表 6—10。

表 6—10　　男女体形中间标准体　　单位：cm

对象＼体型		Y 型	A 型	B 型	C 型
男子	身高	170	170	170	170
	胸围	88	88	92	96
	腰围	70	74	84	92
女子	身高	160	160	160	160
	胸围	84	84	88	88
	腰围	64	68	78	82

五、服装质量鉴别

鉴别服装质量除应鉴别面料质量外，还应鉴别服装的外形质量和内在做工质量。

1. 上衣外形质量鉴别的部位及方法（见表 6—11）

表 6—11　　上衣外形的质量鉴别的部位及方法

序号	鉴别部位	鉴别方法
1	领子：领角两侧对称，驳头串口对称、平服，驳口顺直，领翘适宜	目测
2	袖子：两袖圆顺，吃势均匀，前后适宜，袖子不翻不吊	目测
3	胸部：丰满、挺括，位置适宜，省缝顺直，平服，左右对称，长短一致	目测
4	肩：平服，肩缝顺直不后甩	目测
5	前片：门襟平服顺直，不起翘，不搅不豁，不倒吐，各部位止口明线顺直，宽窄一致	目测
6	兜：大小兜方正圆顺、平服、松紧适宜，板袋口直顺、宽窄一致，不吐里	目测
7	后片：后背不吊背，开衩长短一致	目测
8	里面衬松紧适宜、服帖，粘合衬不脱胶、不起皱、不起泡	目测
9	各部位熨烫平服，无亮光、水花、粉印、折痕，无油污、水渍	目测
10	门底襟长短一致，各省尖、摆缝、袖缝平服、顺直，底边圆顺	对比测量
11	两袖长短一致，袖口大小一致，袖上扣眼两边一致	对比测量

2. 下衣外形质量鉴别的部位及方法（见表 6—12）

表 6—12　　下衣外形质量鉴别的部位及方法

序号	鉴别部位	鉴别方法
1	两腿长短、肥瘦一致	对比测量
2	裤侧缝与下裆缝顺直、平服	目测
3	大小裆圆顺、平服	对比测量
4	腰头宽窄一致，里面衬平服	对比测量
5	裤门襟、里襟明线顺直，宽窄一致，封结牢固	对比测量
6	两脚口肥瘦一致，下口不吊，贴边宽窄一致	对比测量
7	大小裤底平服	目测

3. 内在做工质量鉴别

（1）针迹

不论机迹还是手工针迹，都要求针距密度符合国家标准，无跳针现象。

（2）拼接

看表面拼接（裤腰、下裆）、内部拼接（挂面、领里）是否符合规定，对格对条是否符合标准等。

（3）夹里

主要看夹里是否过长、过短、过大、过小，是否平服。

（4）其他

查看是否少扣、少眼，有无烫黄、变质、变色，以及商标和号型标志是否符合标准等。

六、服装挑选

1. 服装号型的挑选

在选择服装号型时，应根据人的身高、胸围和腰围的净值，选择对应的服装号型，还应考虑到人的年龄、形体特征以及喜好。基本原则是：儿童宜长不宜短，青年宜小不宜大，老年宜大不宜小，瘦高宜肥不宜瘦，矮胖宜长不宜肥。

2. 服装质量的挑选

服装质量的挑选包括挑选衣料质量、设计造型和缝制质量三个方面。

3. 服装颜色和款式的挑选

想一想

请同学们为一位体形微胖、圆脸、皮肤稍黑、中等身高、35岁的女士从以下五种上衣中挑选一件你认为最适合她的上衣，并说明理由。

（1）颜色鲜艳的大花夹克衫

（2）中灰色中长款休闲外套

（3）圆领红色毛料外套

（4）短款牛仔上衣

（5）V领米色小花纹毛衫

（1）根据体形选择

体形稍胖的人宜用深色、单色、柔和色，花型和款式宜用宽直条的，不宜选用大花型图案，要力求简洁朴实。瘦小体形的人宜用浅色，花型以雅致为宜，款式以简洁、朴素为宜，上下身的颜色应基本一致，从视觉上拉长身形。瘦长体形的人不宜穿深色服装，花型以横条为主。

（2）根据肤色选择

肤色白的人在色彩的选择上基本不受什么限制。肤色黑的人不宜选用浅粉、浅绿、浅黄或鲜艳颜色（红、绿、紫）的服装，宜用中间色，如橙色、土黄色等。皮肤过红的人忌穿绿色和蓝绿色服装。肤色发黄的人忌穿蓝色、紫色服装，可选用浅粉或白底小红花格的服装。

（3）根据年龄选择

儿童喜欢活泼、跳跃的色彩和便于活动的款式。青年人喜欢乳黄、浅米黄、浅紫、浅绿等较鲜艳、时髦、热烈的色彩和富有朝气、多装饰、能体现身体曲线美的款式。中年人喜欢温和典雅的色彩和协调大方的款式。老年人多喜欢深沉、稳重的色彩和庄重宽松的款式。

（4）根据性格选择

不同性格的人，对服装的颜色有不同的选择，因此从某种意义上来讲，服装颜色反映了一个人的性格特点。例如，红色表示活力、热情，橙色表示活泼、喜悦，绿色表示朝气，蓝色表示秀丽、清新等。

（5）根据脸型选择

圆脸型的人领口应低些，领子的线条最好用V字。长脸型的人不宜穿大V领口的衣服，可选用立领或领口较高的服装。四方脸型的人领口可大些，不宜用圆领口。尖脸型的人可选择翻领、立领等。

讲一讲

你能根据自身的特点来挑选合适的服装样式吗？请同学们说一说，在服装的挑选和搭配上如何针对自己的特点扬长避短？

思考与练习

一、填空题

1. 上衣领子的质量要求：领角两侧对称，__________，平服，__________，领翘适宜。

2. “号”指人体的__________，以__________表示，是设计服装长度的依据；“型”指人体__________，以__________表示，是设计服装__________的依据。

3. 蚕丝是__________纤维，是自然界中唯一可供纺织用的__________。

4. 呢绒按商业经营习惯可分为粗纺呢绒、__________、__________和驼绒。

5. 棉布按色相和花型可分为：原色布（坯布）、__________、印花布和__________。

6. 华达呢是精纺呢绒中的一个重要品种，多采用________组织织成，斜纹间隔__________，向右倾斜__________。

7. 在天然纤维中，断裂强度最高的是__________，其次是__________，最差的是__________。

8. 在化学纤维中，断裂伸长率最大是__________，故有__________的美称。断裂伸长率最小的是__________、__________和__________。

二、判断题

1. 圆脸型的人领口应低些，领子的线条最好用 V 字。长脸型的人不宜穿大 V 领口的衣服。四方脸型的人领口可大些，不宜用圆领口。（　　）

2. 肤色黑的人不宜选用浅粉、浅绿、浅黄或鲜艳颜色（红、绿、紫）的服装，宜用中间色，如橙色、土黄色等。（　　）

3. 男上衣 170/88A，其中 170 表示身高为 170 cm，88 表示净腰围为 88 cm，体形分类代号“A”表示胸腰围差为 16～12 cm。（　　）

4. 由于维纶的特性极似天然棉，故素有“合成棉花”之称。（　　）

5. 锦纶又称“开司米纶”，由于其弹性好、蓬松、卷曲、性质近似羊毛，因而有“合成羊毛”之称。（　　）

6. 纺织品和针织品总称为针纺织品。（　　）

7. 府绸是棉布中的高档品种，其经纬密度相等。（　　）

8. 咔叽是呢绒织品中销路最广的一种，一般采用两上两下双面斜纹织成，斜纹纹路间隔较宽，向右倾斜 50°。咔叽呢面光洁平整，斜纹清晰，光泽自然，手感柔软丰满，适宜做西装、中山装、裙装、西裤等。（　　）

9. 派力司质地细洁轻薄，手感光滑挺爽，透气性好，是呢绒产品中夏季销

量最大的一种，适宜制作夏季男女上衣、西裤、裙装。(　　)

10. 纺类也称纺绸，是生货绸。纺类织物外观平整细密，质地柔软滑爽，轻薄坚韧。(　　)

三、简述题

1. 上衣和下衣质量鉴别的部位及方法是什么?

2. 服装挑选时候应注意哪些问题?

3. 服装号型的含义是什么? 试叙述我国服装号型的设置。

4. 写出织物的断裂强度、断裂伸长率、撕裂强度和抗顶强度的概念。

四、技能训练

1. 实训内容

教师带领学生参观服装加工厂或者观看服装加工过程视频，让学生了解各类服装的加工制作工艺过程，熟悉各种服装面料、辅料的选择以及服装的质量要求。

2. 实训目的

通过具体的观察，让学生熟悉服装的分类情况，了解不同款式服装的工艺质量要求，了解服装面料、里料及其他辅料的种类、选用和功能特点。

3. 实训要求

写出简要的服装市场调查报告，并与同学们交流。

第七章 家用电器

家用电器主要指在家庭及类似场所中使用的各种电器产品。家用电器使人们从繁重、琐碎、费时的家务劳动中解放出来，为人们创造了更加舒适优美、更有利于身心健康的生活和工作环境，提供了多彩的文化娱乐条件。家用电器，如冰箱、家用空调、电视机、洗衣机等，已成为现代家庭生活的必需品。

学习目标

1. 了解冰箱的分类、型号标识及其含义，理解冰箱的结构和制冷原理，掌握冰箱的基本使用常识，能够指导顾客挑选、使用冰箱。

2. 了解家用空调的分类，熟悉家用空调的型号标识及其含义，理解空调的结构和制冷原理，掌握空调的基本使用常识。

3. 了解电视机的分类及主要品种，能够帮助顾客合理挑选、正确使用和保养电视机。

4. 熟悉洗衣机的分类、规格和型号，能够帮助顾客选购合理的洗衣机机型。

第一节　冰箱

一、冰箱的分类

按制冷方式不同，冰箱可以分为直冷式冰箱、风冷式冰箱、风冷直冷混合式冰箱和彻底无霜间冷式冰箱。

按使用时的气候环境不同，冰箱可分为亚温带型（SN）冰箱（气候环境温度为 10～32℃）、温带型（N）冰箱（气候环境温度为 16～32℃）、亚热带型（ST）冰箱（气候环境温度为 18～38℃）、热带型（T）冰箱（气候环境温度为 18～43℃）。

按箱体外形不同，冰箱可以分为单门冰箱（见图 7—1）、双门冰箱（见图 7—2）、三门冰箱（见图 7—3）和多门冰箱（见图 7—4）。

图 7—1　单门冰箱

图 7—2　双门冰箱

图 7—3　三门冰箱

图 7—4　多门冰箱

按制冷控制方式不同，冰箱可以分为机械温控冰箱、电子温控冰箱、电脑温控冰箱、智能温控冰箱。

按使用的制冷剂不同，冰箱可以分为普通冰箱和无氟冰箱。

找一找

近几年来，新型节能环保的数字变频冰箱产销量逐渐增大。请同学们上网搜索数字变频冰箱，并和大家讨论一下它有什么特点。

二、冰箱的规格和型号

1. 冰箱的规格

冰箱的规格是按箱体内有效容积的大小来划分的，单位为升，用 L 表示。容积在 12～20 L 的冰箱称为便携式冰箱，多为半导体式冰箱，供旅行及安装在汽车上使用。过去家庭使用的冰箱容积在 150～270 L 的范围内，近几年来，低能耗的 400 L、500 L 甚至 600 L 以上的对开门、四门大型冰箱也越来越受家庭的欢迎。

2. 冰箱的型号

根据国家规定，冰箱型号的组成和含义如图 7—5 所示。冰箱型号如 BCD-150WA、BC-180WB、BCD-200C。

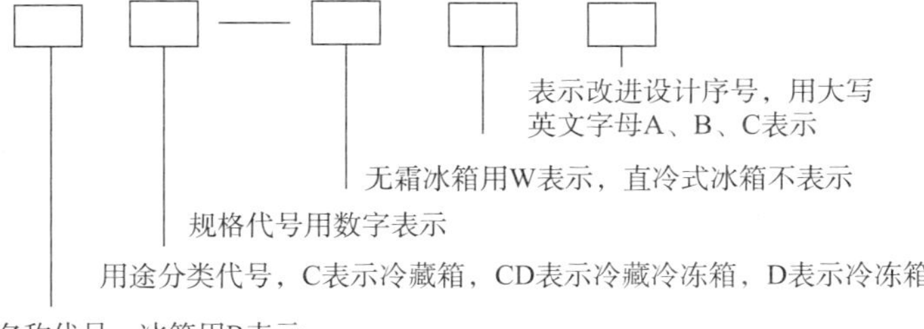

图 7—5 冰箱型号的组成及含义

星级冰箱均采用星形符号的个数标志储存物品的温度等级，如一星级（*）冷冻室的温度不高于 -6℃，二星级（**）冷冻室的温度不高于 -12℃，三星级（***）冷冻室的温度不高于 -18℃，四星级（****）冷冻室的温度不高于 -24℃。星级越高，冷冻室温度越低，储存冷冻食品时间越长，但耗电量越大。

三、冰箱的结构

冰箱由制冷系统、控制系统、箱体和附件组成。

1. 制冷系统

制冷系统由压缩机、冷凝器、过滤器、毛细管、蒸发器组成，其主要作用是制冷。

2. 控制系统

控制系统主要包括温度控制装置、化霜控制装置、过载保护装置等，其主要作用是保护冰箱的正常运转。

3. 箱体

箱体包括冰箱的外壳、门壳、箱内胆、门内胆、隔热层、顶面装饰板、磁性门封、门铰链等，其主要作用是防止冰箱内的冷气外泄和阻止冰箱外的热气侵入。

4. 附件

附件包括隔架、果菜盒、果菜盒盖板、接水盘、制冰盒、蛋架、托架、瓶托等。

四、冰箱的选购和使用

1. 冰箱的选购

（1）选择冰箱类型、规格

要根据各自的家庭经济状况、居住环境、家庭成员数量、生活习惯等来确定冰箱的类型、规格、外形。冰箱规格可根据家庭人口来选择，通常按人均50～60 L来计算，3人家庭可选180 L冰箱，4人家庭可选240 L冰箱。经济条件较好的家庭可选择电脑温控冰箱和具有自由设定温区的冰箱。

（2）外观检查

观察冰箱外壳有无伤痕，喷涂或电镀部分是否均匀、光亮，门封磁条密封性是否良好。

（3）内在质量检查

冰箱的电源接通后能立即启动；切断电源时，冰箱正常停机；再次启动时，冰箱在1 s内压缩机启动，并正常运行。启动冰箱，压缩机运转，冰箱会微微颤动，并听到运行噪声，但噪声不应高于 45 dB。手摸箱体，不应有明显的振动。

打开冷藏箱门，箱内灯亮；关闭冷藏箱门时，当箱门距箱口平面 1～3 cm 时，箱内灯自动熄灭。

冰箱启动运转 10 min 后，压缩机和冷凝器发热，有制冷剂流动声，箱内变冷。将温控器调在“停”的位置，压缩机立即停转；环境温度在 15～43℃范围内，调到“弱冷”位置，压缩机能启动运转；调到“强冷”位置，压缩机运转不停。冰箱运行一段时间后，冷藏室温度不高于 5℃，冷冻室温度达到星级规定。一般压缩机每小时启动次数应为 6～9 次。在环境温度为 32℃左右时，待箱体内外温度大致平衡时关上箱门，压缩机连续运转，将冷藏室温控器调到最大位置，冷藏室温度降到 10℃，冷冻室温度降到 -5℃，所需时间不超过 2 h。

2. 冰箱的使用

（1）冰箱应放置在通风良好、干燥、远离热源的地方，背面离墙距离不小于 10 cm，放置地面应平整、坚实。

（2）搬运冰箱要抬起底部，轻搬轻放，不可在门把上用力，更不可放倒平抬或过分倾斜移动。

（3）冰箱要配备专用电源插座。

（4）要正确使用冰箱温控器，数字越大表示控制的温度越低，数字越小表示控制的温度越高。

（5）冰箱内存放的食物不宜放得过紧过满，食物之间防止串味。

（6）冰箱要定期除霜，消除异味。

讲一讲

同学们见过哪些新型冰箱呢？它们“新”在何处？讲出来和大家共同分享。

第二节 空调

一、空调的分类

空调的分类如图 7—6 所示。

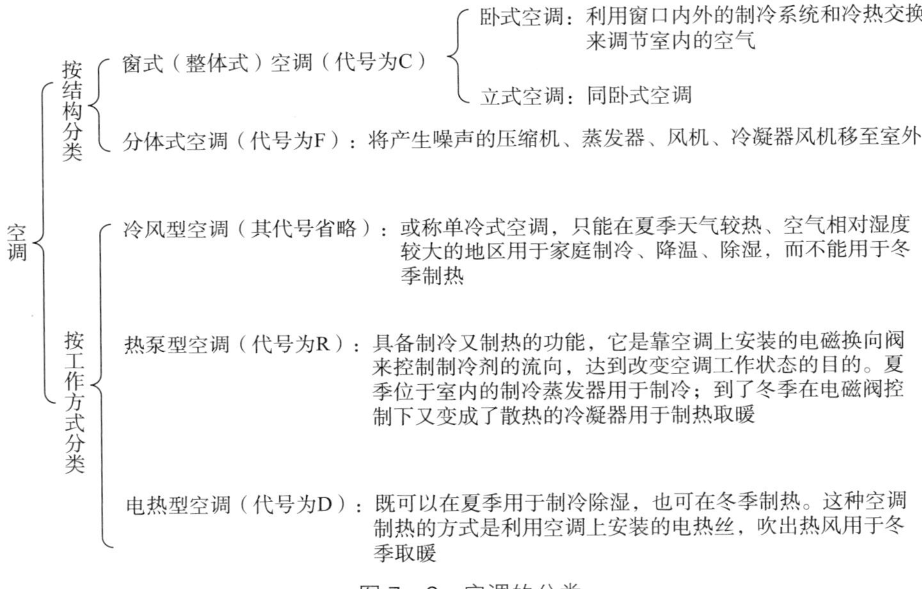

图 7—6 空调的分类

找一找

请同学们上网搜索智能变频空调，并和大家讨论一下它有什么特点。

二、空调的规格和型号

1. 空调的规格

空调的规格是按制冷量或制热量划分的。制冷量是指空调在制冷运行时，单位时间内从房间内或某个区域内吸收并转移到其他区域的热量，法定计量单位是“瓦”或“千瓦”，单位符号为“W”或“kW”。目前，市场上家用空调多采用

“匹”来表示空调的规格，一匹≈2324 W。

2. 空调的型号

根据国家标准的规定，空调型号的组成及含义如图 7—7 所示。

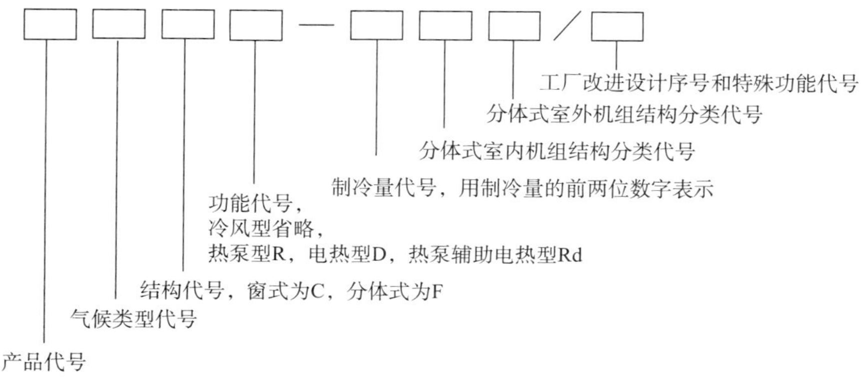

图 7—7 空调型号的组成及含义

产品代号用拼音字母表示，家用空调用“K”表示。

气候类型代号有三种，即 T1 型、T2 型、T3 型，它们分别代表所使用的不同环境温度，气候类型是 T1 型时，此代号可以省略。

分体式室内机组结构分类为：吊顶式（代号为 D），壁挂式（代号为 G），落地式（代号为 L），天井式（代号为 T）；嵌入式（代号为 Q）。分体式室外机组结构代号为 W。

工厂改进设计序号和特殊功能代号用一个拼音字母加三位阿拉伯数字表示。Y 代表遥控式，M 代表面板控制式，Q 代表强电控制式，F 代表模糊控制式，P 代表变频控制式等。三位阿拉伯数字可表示设计的年号和序号及功能类型。

如型号为 KFR-35W/Y614 的空调，表示热泵型分体壁挂式房间空调，T1 气候类型，额定制冷量为 3 500 W（1.5 匹），遥控式，1996 年设计，序号为 14。

三、空调的选购和使用

1. 空调的选购

（1）确定空调的功能

只考虑制冷，选购冷风型空调；需要冬制暖、夏制冷，选购冷暖两制式空调；在 -5℃以上制暖，可选择热泵式空调；要求 -5℃以下制暖效果好，可选择电热型或热泵辅助电热型空调。

（2）确定空调的制冷量

普通房间冷量负荷的推荐值为每平方米 115～145 W，可将此值乘以房间面积得出需购买的空调的制冷量；顶层房间冷量负荷的推荐值为每平方米 220～280 W。

（3）综合考虑其他因素

应根据实际生活需要，从品牌、经销商、产品的技术水平、空调性能指标、有关认证以及价格等方面综合考虑所要购买的空调。

（4）要进行外观质量检查

面板应平整光洁，角边平直，表面无裂痕、毛刺、变形等；装饰层无脱落、碰剐现象，色泽均匀；开关、按键、旋钮等应操作自如；进风栅、出风栅应灵活无阻。

（5）要通电试机

通电后，压缩机、风扇电机能迅速进入正常运行状态，振动不能过大，不能有异常的撞击声等。通电数分钟后，夏季应有冷风出，冬季应有热风出。调节风速选择钮，应有不同的风量吹出。

讲一讲

找一找你身边家用空调的型号，说出它的含义。根据你的切身体会，判断你所使用的空调质量如何，并说出理由。

2. 空调的使用

（1）不要在短时间内频繁开、关空调，也不要在各功能模式之间进行频繁、连续地转换，避免压缩机在短时间内连续启动。

（2）不要紧闭门窗，不能长时间依赖空调升降温，要间断通风，保持室内空气流通，引入新鲜空气。

（3）室内外温差不宜过大。夏季不要把温度调得过低，冬季不要把温度调得过高，以 18～20℃为宜，室内外温差以 5～8℃为宜。如果室内外温差过大，不仅耗电量大，而且易引起感冒或其他不适症状。

（4）保持设备清洁。要对空调及除湿装置定期检查并进行清洗，尤其要按时清洁过滤网，使其真正能起到过滤粉尘、病菌和有害气体的作用。

（5）注意送风方向。夏季室内机应选择接近水平方向送风，冬季室内机应选择向斜下方送风，以保持房间温度均衡。

想一想

仔细观察图 7—8 所示的三种空调，想一想它们在款式上的区别。

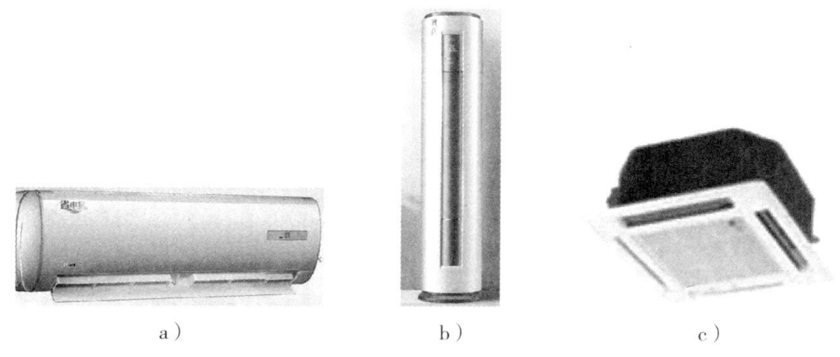

a） b） c）

图 7—8 不同类型的空调

a）壁挂式空调 b）立式空调 c）窗式空调

讲一讲

同学们见过哪些新型家用空调呢？它们“新”在何处？讲出来和大家共同分享。

第三节 电视机

一、电视机的分类及常见品种

电视机的分类如图 7—9 所示。

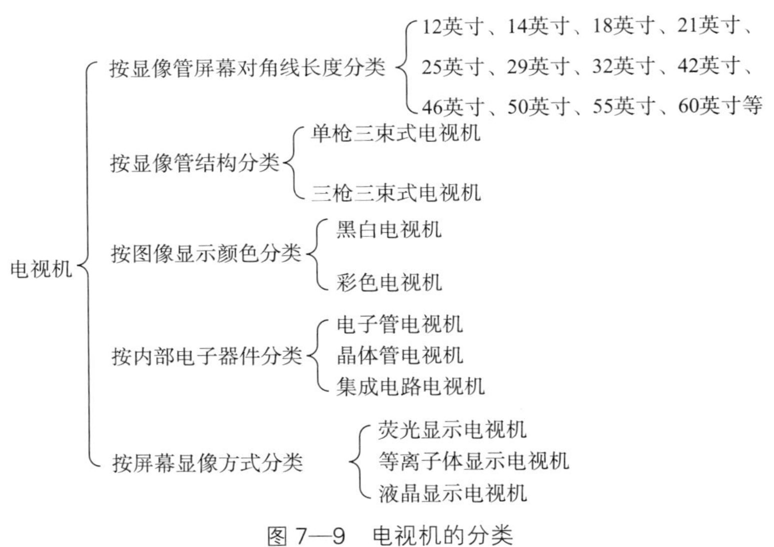

图 7—9 电视机的分类

电视机的常见品种见表 7—1。

表 7—1 电视机的常见品种

序号	品种	介绍
1	超平彩电	超平彩电是相对于传统的球面显像管电视机和平面直角显像管电视机而言的，是指采用超平面彩色显像管的彩色电视机。传统的彩色显像管电视机由于显示屏中心隆起，显示的图像会有一定程度的变形失真。超平彩电的显示屏虽然仍有弧度，但弧度极小，一般比平面直角显像管电视机显示屏平坦 30% 以上，具有失真小、色彩真实，收视效果好等优点
2	纯平彩电	纯平彩电采用纯平彩管，从外观上看是平面的，图像失真更小，可视图像更大，色彩更鲜艳，色纯度更好，清晰度更高，寿命更长

续表

序号	品种	介绍
3	液晶电视	液晶电视是指用液晶屏做显示器的电视机。液晶电视屏幕由超过 200 万个红、绿、蓝三色液晶光阀组成，液晶光阀在极低的电压驱动下被激活，此时位于液晶屏后的背光灯发出的光束从液晶屏通过，产生由 1074×768 点阵组成的分辨率极高的图像。液晶电视主要有 LCD 液晶电视和 LED 液晶电视
4	等离子电视	等离子电视是利用一种可导电的等离子体的气状物质在电极作用下，激发红、绿、蓝三色荧光体发光而显像的。等离子电视薄而轻，42 英寸的大屏幕显示屏厚度仅为 9 cm；与显像管电视一样，具有宽视角的特点，上下、左右视角大于 160°；图像无任何失真；抗电磁干扰性好
5	数字电视	数字电视是一种技术过程而不是一种设备，它是指在节目摄制、编辑、发送、传输、存储、接收和显示等环节全部采用数字处理的全新电视系统

二、电视机的选购和使用

1. 电视机的选购

（1）屏幕尺寸挑选

应根据居室的大小选择电视机的屏幕尺寸，通常观看电视的合理距离为屏幕对角线长度的 4～6 倍。电视屏幕小，而观看距离远，眼睛很费力；电视屏幕大，观看距离近，画面给人不清晰感。

（2）电视机类型选择

应根据所在地区的电视信号传输状况、家庭经济条件、居室大小等选择合适的电视机。选择电视机功能时，主要考虑功能的实用性，不要一味追求功能的齐全。

（3）外观检查

电视机外形应色泽协调，表面无划伤，荧光屏上无气泡，旋钮、按键与壳体间隙适当，操作灵活。其外部控制元件和天线通电后都不应带电，机壳通风孔要能够防止外来异物进入内部。

（4）灵敏度检查

灵敏度是指电视机接收微弱信号的能力。若在电视信号较弱的地方能够清晰、稳定地收到所选频道的电视节目，则表明电视机灵敏度高。

（5）选择性和稳定性检查

当收看所选定的电视节目时，邻台不应窜入干扰。当出现干扰信号时，屏幕上只出现杂波，图像只发生左右移动，而不扭斜。

（6）伴音质量检查

调节音量观察伴音大小有无明显变化，伴音不应有杂音，音量调到最大时伴音应洪亮悦耳，无失真和交流声，音量调到最小时应无声，伴音大小的变化不应对屏幕图像产生干扰。

（7）图像分辨率、亮度检查及图像失真检查

图像分辨率、亮度及图像失真可通过电视广播测试图进行检查。

2. 电视机的使用

（1）电视机应放置在通风、干燥、避光的地方。

（2）电视机的色彩、音量、对比度、亮度等要适中。

（3）夏季雷雨前，最好关掉电视机，防止电视机受雷击而烧坏。

（4）不宜频繁开关机，这样会缩短电视机寿命。睡前不宜用遥控器关机，因为遥控器关机并未切断电源，最好关掉电视机上的电源开关。

（5）电视机上不要覆盖塑料布、布套等，底部不要垫泡沫塑料，以免影响电视机的透气、散热。

（6）电视机最怕磁场干扰，因此电视机应远离有磁场的物品，如变压器、录音机等，否则电视机会色彩紊乱、图像扭曲。大屏幕彩电的荧光屏应朝南或朝北放置，防止地磁影响色纯度。

讲一讲

同学们见过哪些新型电视机呢？它们“新”在何处？讲出来和大家共同分享。

第四节　洗衣机

一、洗衣机的分类

1. 按操作的自动化程度分类

（1）简易洗衣机

简易洗衣机结构简单，一般无定时器，波轮只能作单方向运转，常采用全塑料结构或铁塑结合式结构。

（2）普通（普及型）洗衣机

普通洗衣机一般有洗涤、漂洗和脱水等功能，但均需人工来转换，其装有定时器。这类洗衣机结构简单、价格便宜、使用方便。

（3）半自动洗衣机

半自动洗衣机洗净、漂洗、脱水各功能中，任意两个功能的转换不用手工操作而能自动进行。该洗衣机一般有两种类型：一种是洗涤与漂洗两个工序能在同一桶内自动进行转换，但脱水仍需手工操作；另一种是洗涤与脱水分别在两个桶内进行（也称双桶式洗衣机），在洗衣桶中可以按预定时间生成洗涤和漂洗工序，但不能自动脱水，需要人工将衣物从洗衣桶中取出，放入脱水机中甩干。

（4）全自动洗衣机

全自动洗衣机是指洗涤、漂洗、脱水三大功能的转换均可依照程序自动进行的洗衣机。这种洗衣机市场上都为套桶式洗衣机，其程序控制器有机械式和微电脑式两种。

2. 按构造和洗涤方式分类

按构造和洗涤方式分类，洗衣机可分为波轮式洗衣机、滚筒式洗衣机和搅拌式洗衣机三类。

波轮式洗衣机又称涡卷式洗衣机，是通过波轮的转动，推动洗涤液和洗涤物不断地翻滚、摩擦而进行洗涤的洗衣机。

滚筒式洗衣机洗衣桶卧放或侧放，其内水平安装一滚筒，通过滚筒的转动，由滚筒内的凸筋使洗涤物上升，再借自重下跌，不断翻滚、摔打进行洗涤。滚筒式洗衣机一般装有变速装置，可将漂洗后的衣物放在洗涤桶内以 300～600 转 / 分钟的速度旋转，利用离心力甩干衣物。

搅拌式洗衣机洗衣桶为立式圆桶，其中心有一垂直立轴，轴上装有搅拌叶片，在电动机驱动下，叶片做 120°～180° 的正反交替旋转，从而翻动水流和衣物，产生洗涤作用。

波轮式洗衣机、滚筒式洗衣机和搅拌式洗衣机的性能比较见表 7—2。

表 7—2　　波轮式洗衣机、滚筒式洗衣机和搅拌式洗衣机的性能比较

类型	优点	缺点
波轮式洗衣机	洗衣时间短，结构简单，制造容易，维修方便，耗电量较少，材料要求不高，易于塑料化，成本低廉	对衣物磨损较大，用水量大，洗涤不均匀，不易做成大容量，噪声较大，衣物洗涤后容易打结缠绕
滚筒式洗衣机	对衣物磨损较小，洗涤剂用量少，省水，可洗吸水性较强的厚重织物，衣物洗涤后不扭转	洗涤时间较长，耗电量大，洗衣机制造复杂，滚筒需用不锈钢制作，成本高，体积大
搅拌式洗衣机	洗净均匀度（>0.94）优于波轮式洗衣机（>0.86）与滚筒式洗衣机（>0.92）耗电量较少，成本较低	用水量大，洗涤剂用量多

找一找

请同学们上网搜索双层洗衣机、烘干机、带烘干功能的洗衣机，感受一下新型洗衣机的多功能。

二、洗衣机的规格、主要质量指标及型号

1. 洗衣机的规格

洗衣机的规格是指洗衣机的额定洗涤容量，即一次能洗涤的最大干衣物重量。市场上出售的主要有 2.5 kg、3 kg、4 kg 和 5 kg。近几年市场上也出现了家用 8 kg、10 kg 大容量变频洗衣机，集体用 10 kg、20 kg、50 kg、100 kg 等大容量洗衣机。

2. 洗衣机的主要质量指标

（1）洗净比

洗净比指在标准规定的洗涤条件下，洗衣机洗净率与参比洗衣机洗净率之比。国家标准规定洗衣机洗净比的合格值为 0.7。

（2）磨损率

磨损率指在一定的洗净度下，洗衣机对衣物的磨损程度，用失重比率来表示。波轮式洗衣机的磨损率应不大于 0.2%。

（3）漂洗性能

漂洗性能是指洗涤的衣物在清水中漂洗，去除附着在衣物上的洗涤剂溶液及污垢，最后达到漂清、洗涤的能力。漂洗性能通常用漂洗率表示。洗衣机的漂洗率应不低于 92%。

（4）噪声

洗衣机洗涤时的噪声要求不高于 62 dB（分贝）。

3. 洗衣机的型号

为方便广大消费者正确选购洗衣机，各企业都按国内统一标准给产品规定了型号，型号的组成及含义如图 7—10 所示。

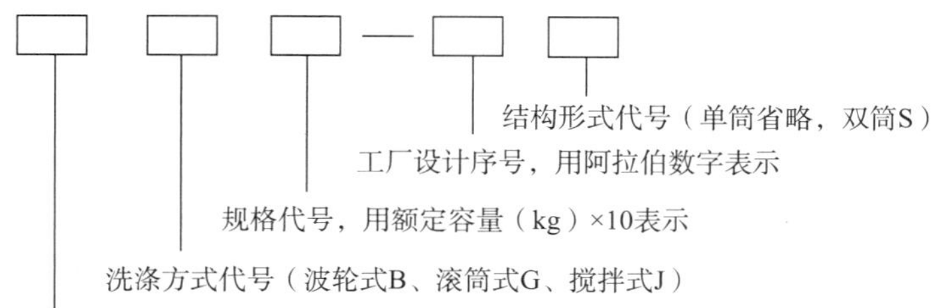

图 7—10　洗衣机型号的组成及含义

例如，XQB40-33 型洗衣机，表示洗涤容量 4 kg 的波轮式全自动洗衣机，厂家设计序号为 33 型；XPB55-3S 型洗衣机，表示洗涤容量 5.5 kg 的波轮式普通型双桶洗衣机，也就是常见的双缸机，厂家设计序号为 3 型；XQG50-2 型洗衣机，表示洗涤容量 5 kg 的滚筒式全自动洗衣机，厂家设计序号为 2 型；T20-3 型洗衣机，表示脱水容量 2 kg 的脱水机，厂家设计序号为 3 型。

三、洗衣机的选购、使用与维护

1. 洗衣机的选购

（1）类型和规格选择

应先根据各种洗衣机的特点，及家中人口数量和居住条件，选定洗衣机的类型和规格。

（2）洗衣桶材料、形状选择

洗衣桶是洗衣机的重要部件，材料有全塑料、铝合金、不锈钢等几种。全塑料洗衣桶重量轻、耐腐蚀，但易老化；铝合金洗衣桶美观耐用，但耐碱性差；不锈钢洗衣桶耐磨、耐腐、光滑。因此，可根据个人喜好及常洗衣物的材料、数量来确定洗衣桶的材料。洗衣桶的形状有方形、圆形、大圆角方形等几种，常用的是大圆角方形。这种形状可增加衣物在桶内的撞击力，有利于洗净衣物。在确定好洗衣桶的材料、形状后，还应对洗衣桶的制作质量进行检查，注意洗衣桶是否有毛刺、破损现象等。

（3）波轮装配检查

波轮与洗衣桶之间的间隙均匀、平整，无松动现象。

（4）洗衣机运转检查

接通洗衣机电源，空载运转，无异常声响（即撞击声、振动声、明显的摩擦声），波轮运转平稳，定时器旋钮及按钮灵活可靠，改变定时器时计时准确。

（5）外壳检查和电源检查

外壳喷漆均匀，无划伤或凹坑等现象。机体有良好的绝缘性，不漏电。

2. 洗衣机的使用

（1）放置、接电和注水要求

1）洗衣机应放置于平坦、通风处，避免阳光直射和避开热源。

2）洗衣机电源连接应使用三孔的带接地端的电源插座，要可靠接地。

3）洗衣机洗大量衣物时，水位不应超过最高水位线；洗少量衣物时，水位不应低于最低水位线。

（2）使用注意事项

1）应根据衣物的情况（总量、脏污程度、衣料质量等）选择不同的洗涤方式：对较厚又较脏的衣物，一般采用“标准”洗涤；对量大的衣物，洗涤时间应长一些；对薄而轻的衣料或较旧的衣物，应当用“轻柔”洗涤。

2）洗衣总量不应超过最大容量。

3）呢绒衣物、毛毯等不能用波轮式洗衣机洗涤，只能用滚筒式或搅拌式洗衣机。

4）洗涤前应清理衣袋内的杂物，补好破损的毛边，并一件一件松开衣物，防止将灰沙及硬物投入桶内。

5）洗涤毛物时，应将毛物放入纱布袋内洗涤；有长带的物品，应将长带两端打结后洗涤。

6）使用温水洗涤可提高洗净均匀度。

7）尽量使用低泡、高效洗涤剂，以提高漂洗效率，省水省时。

8）全自动洗衣机洗衣过程中不要关闭水龙头；应当把洗衣机门或盖关好后，再启动洗衣机。

9）要经常注意检查进水、排水系统情况，注意水管及阀门是否堵塞、水泵是否工作正常等。

10）当发现异常声响时，应及时停机并切断电源。

3. 洗衣机的维护

（1）洗衣机若冬季放置在室外，则不应把水存放于洗衣桶内，以免洗衣桶被冻裂。

（2）洗衣机无水时，不能长时间运转，这样会降低使用寿命。

（3）洗衣机排水完毕，排水阀要置于“关”的位置，否则会使阀门弹簧长期处于工作状态，而产生渗漏水现象。

（4）洗衣机使用完毕后，应将桶内擦干或吹干，并置于较干燥处，以防内部机件生锈。

（5）洗衣机使用 1 年左右，应对各部件进行紧固。波轮轴承每隔半年应注油润滑，减少机械磨损。

讲一讲

同学们见过哪些新型洗衣机呢？它们“新”在何处？讲出来和大家共同分享。

思考与练习

一、填空题

1. 冰箱的结构由__________、__________、__________和__________附件组成。

2. 高四星级冰箱表示冰箱冷冻室的温度须达到__________℃。

3. KFR-35W/Y614 表示____________________。

4. BCD-150WA 表示____________________。

二、判断题

1. 电视机应放置在通风、干燥、避光的地方。(　　)

2. 滚筒式洗衣机洗净度高、磨损率高、结构简单。(　　)

3. 空调的规格是按照制冷量来划分的。(　　)

4. 电视机的规格是按电视机的屏幕面积来划分的。(　　)

5. 洗衣机的规格是指洗衣机额定洗涤容量，即一次能洗涤的最大湿衣物重量。(　　)

三、简述题

1. 家用电器是怎样分类的?

2. 如何选购洗衣机? 洗衣机在使用时应注意哪些问题?

3. 如何挑选和正确使用空调?

4. 冰箱是怎样分类的? 各有什么特点?

5. 电视机是如何分类的?

四、技能训练

1. 实训内容

请同学们分成小组到综合商场或家用电器专卖店参观学习，仔细观察各种品牌家用电器的各种类别，邀请营销人员讲解各种新产品的特点，熟悉洗衣机、冰箱、空调、电视机的种类和使用方法。

2. 实训目的

了解各个品牌最新产品的类别和特点，学会使用各种类型的家用电器。

3. 实训要求

参观学习结束后，各小组撰写调研报告，并向其他小组成员介绍收获。